長沢寿夫の中学英語がまるごとスッキリわかる本

全単元パーフェクト版

フォーラム・A

はじめに

みなさん、こんにちは、長沢寿夫です。

■この本は…

私は77冊の英語の本を出版させていただきましたが、このたび、中学校で習う英文法がまるごとわかる本を、はじめて書かせていただくことになりました。とはもうしましても、この本は「普通の文法書」ではありません。中学英語全体をまるごととらえて理解し、みなさんのモノにしていただくための本です。

■中学英語が体系的に理解できます

そのために、本書では2つのしかけをしました。1つは、中学校の英文法の全体像を体系的に理解できるように配慮したことです。今まで出版されている語学書の多くは、部分的な解釈では、わかりやすく工夫されているものもあるのですが、さて、それだけで全体がわかって、使いこなせるようになるかともうしますと、残念ながら、少し疑問に感じていました。

そこで、本書では、全体を見通せるように工夫をこらしました。

例えば、配列です。普通は疑問文や否定文は単元ごとに学習しますが、本書ではまとめて覚えるようにしました。そうすると、同じ作り方をする単元があることがわかり、ぐっと定着しやすくなります。

また、語学書ではあまり見かけないのですが、参照すれば学習がしやすくなるページを Link として、随所に示しました。これも体系的に理解していただくための手助けになると思います。

■「読みすいレイアウト」「わかりやすい解説」

今回はおとなの人はもちろん、中学生の方や英語をやり直したい方なら、どなたにも読んでいただけるように、「読みすいレイアウト」「わかりやすい日本語解説」に徹底的にこだわってみました。これが2つめのしかけです。今まで、他の語学書・参考書や、学校の先生の説明では理解できなかった人でも、かならず理解していただけると思います。

■ **その他の工夫**

　その他にも、次のような工夫をこらしてみました。

　各項目は見開き2ページで1つのことを説明するようにしました。右ページの最後に 確認問題 があるので、どれぐらい理解ができたかがわかる構成になっています。

　また、この本のどこに長沢式の解説が入っているかが一目でわかるように、その箇所には 長沢式のハンコ をおしてみました。

　各章の最後には、「コミュニケーションのための便利な英語」として、主に、その章で習った英文法が、実際にはどんな風に使われているのかを説明しました。例えば「代名詞を使った、ペットの性別の表し方」などをとりあげています。

■ **「細切れ」よりも…**

　英語が苦手な人のほとんどは、文法用語がややこしくて、英語がきらいになり、やがて苦手になってしまうのです。

　ところが、文法がうまく説明してある本さえあれば、文法なしで丸暗記する方法と比べると、学習するスピードはぐっと速くなり、しかも自分のモノにしやすくなるものだと私は思っています。

　例えば、最近の教科書は「よく使われる表現」を中心に文法を習う傾向にありますが、そのような細切れの文法学習を続けていても、丸暗記した表現以外はしゃべれなくなってしまいます。大切なことは、英語を自分のモノにして、自分の意見を表現できるようにすることなのです。

　この英語の本はきっと、そのお役に立てると思います。

　最後に私の好きな言葉を贈ります。
　「0 から 1 は遠いが、1 から 100 は近い」
　何事も続けることが大切なのです。何度もくりかえしてこの本を勉強してください。そのうちに、きっと、英語が今よりも好きになっておられることだと思います。

長沢寿夫

目次 CONTENTS

本書の記号と単語の読み方について ……… 9

1章　文のしくみ

1. be動詞は動作を表す動詞の代打 ……… 12
2. 一般動詞の2つの形 ……… 14
3. be動詞の意味は＝ ……… 16
4. いろいろな主語 ……… 18
5. 長い主語を作る方法 ……… 20
6. 目的語とは？ ……… 22
7. 手でかくせる副詞とかくせない形容詞 ……… 24
8. one から変化したa ……… 26
9. 相手にもはっきりしているときはthe ……… 28
10. 数えられない名詞の見分け方 ……… 30
11. 人称代名詞 ── 主格と目的格 ……… 32
12. 人称代名詞・名詞の所有格と所有代名詞 ……… 34
    ●ペットの性別　●「〜する人」

2章　動詞と助動詞

1. 否定文と疑問文の作り方 ── 一般動詞 ……… 38
2. 否定文と疑問文の作り方 ── be動詞・助動詞 ……… 40
3. 否定文と疑問文の作り方 ── 現在完了 ……… 42
4. 否定文と疑問文の作り方 ── 過去 ……… 44
5. 助動詞の2つの意味 ──「自分のやる気」と「可能性」……… 46
6. 「ていねいさ」を表す助動詞の過去形 ……… 48
7. 助動詞が2つ続くときは書きかえる ……… 50
8. ingのつけ方 ……… 52
9. 進行形 ……… 54
    ●動詞のedのつけ方　●イキイキとした進行形

3章　形容詞と副詞

1. 数や量を表す形容詞① ── someとmany とany ……… 58
2. 数や量を表す形容詞② ── a littleとlittleは気分次第 ……… 60
3. ほとんど同じ意味を表す形容詞 ……… 62
4. 割合を示す副詞はnotの位置に ……… 64
5. 副詞は「おまけ」言葉 ……… 66
   - ◉「そうじをあまりしない妻が…」　◉someとanyの使い方

4章　いろいろな文

1. 疑問詞のついた疑問文① ……… 70
2. 疑問詞のついた疑問文② ……… 72
3. 疑問詞が主語になる疑問文 ……… 74
4. 主語がないのが命令文 ……… 76
5. 感嘆文は名詞の有無で使い分け ……… 78
   - ◉「閉めなさい！」と「閉めてよ」　◉「へえ～」を表す感嘆文

5章　前置詞

1. 自動詞と他動詞 ……… 82
2. 前置詞① ── アッという間のat・長い時間のin ……… 84
3. 前置詞② ── 似ている前置詞の使い分け ……… 86
4. 前置詞③ ── 熟語タイプと文法タイプ ……… 88
   - ◉場所を表す前置詞のまとめ

6章　不定詞

1. 長沢式不定詞の3用法の見分け方 ……… 92
2. 名詞的用法 ── 不定詞が主語でも簡単 ……… 94
3. わかりやすい形容詞的用法の説明 ……… 96
4. 副詞的用法の訳し方 ……… 98
5. 不定詞の名詞的用法と動名詞の関係 ……… 100
6. Itから始まる不定詞の文の存在理由 ……… 102
7. 便利な表現　how to swim ……… 104
8. 不定詞をとる動詞と動名詞をとる動詞の見分け方 ……… 106
   - ◉take outはOK？　◉ちょっと高度な不定詞と動名詞

7章　受動態

1. 受動態は覚え「させられる」？ ……… 110
2. 能動態と受動態の書きかえ練習 ……… 112
3. 否定文と疑問文の作り方 ── 受動態 ……… 114
4. byのつかない受動態 ……… 116
   - ◉いろいろ使える be covered with　◉「お金でできた」私

8章　比較

1. 比較級はerがベター ……… 120
2. 最上級はestがベスト ……… 122
3. as 〜 asの間は変化なし ……… 124
4. 書きかえられる比較表現① ……… 126
5. 書きかえられる比較表現② ……… 128
   - ◉「もっと速く！」　◉同じ人の比較

9章　現在完了

1. 現在完了は過去も現在も表せる ……… 132
2. 現在＋過去＝継続用法 ……… 134
3. 経験用法を経験したことある？ ……… 136
4. 完了用法は決まり文句で暗記 ……… 138
5. 疑問詞を使った現在完了 ── Howのオンパレード ……… 140
   - ◉動詞edはどんな意味？　◉been toはjustで意味が変わる

10章　接続詞

1. 接続詞の使い方 ── andとor ……… 144
2. 接続詞の使い方 ── whenとif ……… 146
3. 接続詞の使い方 ── because ……… 148
4. 接続詞の使い方 ── beforeとafter ……… 150
5. 接続詞の使い方 ── that ……… 152
6. 「〜しなさい、そうすれば…」 ……… 154
7. 接続詞の使い方 ── butとthough ……… 156
   - ◉thatの有無による意味の違い　◉便利なifの表現
   - ◉「それだけですか？」　◉「ノーサンキュー」をやわらかく

11章　関係代名詞

1. 接触節のやさしい解説 ……… 160
2. 関係代名詞と代名詞の深い関係 ……… 162
3. 関係代名詞を使わずに「かたまり」を作る① ……… 164
4. 関係代名詞を使わずに「かたまり」を作る② ……… 166
5. 人でも物でもOK ── 関係代名詞that ……… 168
6. 長沢式関係代名詞を使って2つの文を1つにする方法 ……… 170
7. 「だれの」という疑問に答える関係代名詞whose ……… 172
   ● 関係代名詞の省略の決まり文句　● 「あなたに似た人」

12章　5文型

1. 疑問がうまれない第1文型 ……… 176
2. 文を補う言葉が必要な第2文型 ……… 178
3. 〈何を〉という疑問がうまれる第3文型 ……… 180
4. 人に物を〜する第4文型 ……… 182
5. 第3＋第2＝第5文型 ……… 184
   ● "Call me ..."は第何文型？　● 使えるcall

13章　付加疑問文そのほか

1. 付加疑問文 ── 英文にひそむ否定＋疑問 ……… 190
2. 特別な付加疑問文 ……… 192
3. 間接疑問文 ── 英文の中に入った疑問文 ……… 194
4. too 〜 to構文と so 〜 that − can't構文の書きかえ ……… 196
5. ask〔tell〕... to 〜 ……… 198
   ● 英語の短縮形　● 間接疑問なひとり言

14章　英語の文の作り方

1. 英語の文の作り方のコツ① ……… 202
2. 英語の文の作り方のコツ② ……… 204
3. 英語の文の作り方のコツ③ ……… 206

●●● 本書の記号と単語の読み方について ●●●

◆単語の読み方◆

　英語は、まず、発音できないと始まりません。この本では単語の読み方でつまずかないように、できるだけネイティブの発音に近づけた読みガナをふりました。ただし、読みガナはあくまでも参考にすぎません。本格的に単語の発音を勉強するには、音の出る辞書やインターネットなどを利用してください。

　※文末の[æ][v]などは、対応する発音記号を表しています。

- [エァ] エの口の形でアといえば、[エァ]の音を出せます。[æ]
  bag[ベァッグ]
- [ヴ] 下くちびるをかむようにしてブといえば、[ヴ]の音を出せます。[v]　　five[ファーィヴ]
- [フ] 下くちびるをかむようにしてフといえば、[フ]の音を出せます。[f]　　life[ラーィフ]
- [ア〜] 口を小さく開けてア〜といいます。[əːr]　　bird[バ〜ドゥ]
- [アー] 口を大きく開けてアーといいます。[ɑːr]　　car[カー]
- [オ] 舌を上の歯ぐきの裏につけて発音します。[l]　milk[ミオク]
- [ゥル] ウと軽くいいながらルといえば、[ゥル]の音を出せます。[r]　　red[ゥレッドゥ]
- [ヅ] ツ[ts]の音をにごらせて発音してください。[dz]　cards[カーヅ]
- [ズ] ス[s]の音をにごらせて発音してください。[z]　dogs[ドーッグズ]
- thの音を表す[す][θ]と[ず][ð]はひらがなで表しています。
  [す] 舌先を上の歯の裏側に軽くあててスというつもりで息を出してください。[θ]。[ず] 声を出すと[ð]の音になります。
  three[すゥリー]　this[ずィス]
- [い] 日本語でイーといいながら、舌の先を上あごの天井すれすれ

まで近づけて、口の両端を左右に引くとこの音を出せます。[j] yen[ぃェンヌ]　[**イ**] [i]はカタカナで表しています。

▶ [・] の記号は音の省略の記号として使っています。
〜ing [**イン・**] グの音はいわない方が英語らしく発音できます。
[iŋ]　running [ゥラニン・]
big book → [**ビッ・ブック**] gとbがローマ字読みできないときは、gを発音しない方が英語らしく聞こえるので、[・] をつけてあります。
[big buk]

▶ That is [**ぜァッティズ**] は人によっては [**ぜァッリィズ**] と発音されることがあります。同じように [**タ、ティ、トゥ、テ、ト**] が [**ラ、リ、ル、レ、ロ**] のように発音されることがあります。

▶ 母音（ア、イ、ウ、エ、オ）が2つ続いているときは、前の母音を強くいってから2つめの母音を軽くつけくわえるように発音します。
　[**エーィ**] [ei]　name [ネーィム]
　[**オーゥ**] [ou]　boat [ボーゥトゥ]
　[**アーィ**] [ai]　bike [バーィク]
　[**アーゥ**] [au]　down [ダーゥンヌ]

◆記号について◆
　Link: 参照ページを示しています。
　（　）: 省略可能な言葉を示しています。
　〔　〕: いいかえ可能な言葉を示しています。

1章　文のしくみ

　日本語を英語に直したいとき、ちょっとしたルールを知っていると簡単に英語に直すことができます。ここでは、そのルールとコツを勉強します。日本語と英語とでは、考え方が違うので、単語の並べ方が違ってきますが、しっかりとルールとコツを覚えることで英語がとても身近なものになってきます。

1. be 動詞は動作を表す動詞の代打
2. 一般動詞の2つの形
3. be 動詞の意味は＝
4. いろいろな主語
5. 長い主語を作る方法
6. 目的語とは？
7. 手でかくせる副詞とかくせない形容詞
8. one から変化した a
9. 相手にもはっきりしているときは the
10. 数えられない名詞の見分け方
11. 人称代名詞 ── 主格と目的格
12. 人称代名詞・名詞の所有格と所有代名詞

- ペットの性別
- 「～する人」

1　be 動詞は動作を表す動詞の代打

（1）　私はいそがしい。

　この日本文を英文に直したいときは、まず、日本文の中に動詞があるかどうかを見分ける必要があります。

　動詞は「走る」などのように動作を表すことが多いので、すぐにわかると思います。（1）は動作を表す動詞がないことがすぐにわかります。

　このようなときに、主語（〜は）の次に **be 動詞**(is，am，are)を置いて、動作を表す動詞の代わりをさせるのです。**is，am，are** は、日本語の「です」にあたる言葉で、主語によって使い分けます。

これだけは覚えましょう

　私が主語の場合には **am**、**あなた**が主語の場合には **are**、**そのほかの人**が主語の場合には、**1人**ならば **is**、**2人以上**ならば **are** を使います。

　それでは（1）を英語に直します。

　I am ＋ いそがしい． と考えます。

□ **I am busy.**

ここが大切

　英語では、I(私)が you(あなた)に話しかけると考えて、私を最初の登場人物、あなたが2番目の登場人物と考えます。そして、I の次には am、you の次には are がくると決まっています。

　次に、その話の中である人が話題になったとき、その人が3番目の登場人物と考えます。その人が1人の場合は is、2人以上の場合には(2番目の登場人物と同じ)are を使うのです。

もっとくわしく

動作や状態を表す動詞のことを一般動詞と呼びます。
それに対して、is, am, are のような動作を表さない動詞のことを be 動詞と呼んでいます。

英語では、I のことを**1人称**、you のことを**2人称**、そして、I と you 以外の人のことを**3人称**といいます。3人称で1人の場合は、**3人称単数**といいます。また、2人以上の場合を**3人称複数**といいます。
物や動物の場合も1つ〔1匹〕の場合は、3人称単数といいます。

Link いろいろな主語 ⇒ P.18
Link 人称代名詞 ⇒ P.32

確認問題

次の（ ）に is, am, are を入れてください。
(1) I （　　　） busy.（私はいそがしい）
(2) You （　　　） busy.（あなたはいそがしい）
(3) We （　　　） busy.（私たちはいそがしい）
(4) Tony （　　　） busy.（トニー君はいそがしい）
(5) That boy （　　　） busy.（あの少年はいそがしい）
(6) She （　　　） busy.（彼女はいそがしい）

解答 (1) am (2) are (3) are (4) is (5) is (6) is

2 一般動詞の2つの形

一般動詞には、2種類の形があります。
walk と walks ── この動詞のどちらを使うかは、主語によります。
次のように考えると、使い分けることができます。

	be 動詞		一般動詞
▶ 私	I am	⇒	I walk. ［ウォーク］（私は歩く）
▶ あなた	You are	⇒	You walk.
▶ 彼	He is	⇒	He walks. ［ウォークス］
▶ 私たち	We are	⇒	We walk.

このように主語の次にくる be 動詞が is になっているときのみ walks を使えばよいということになります。
　つまり、簡単にいうと、**主語が私とあなた以外で1人〔1つ〕であるということがわかったときに一般動詞に s をつければよい**ということがわかります。

ここを間違える

　s というつづりであっても、読み方には**ス**と**ズ**と2通りの発音があります。この読み分けは次のように考えてください。walk の場合、［ウォーク］と発音します。このクはクッという息だけで発音する音になります。このようなときに s がつくとスという、発音になります。発音の仕方は息だけで発音し［スッ］と読みます。
　jog ［チャッグ］という動詞の場合は、グと声で発音するので、jogs の s を［ズ］と声を出して読むのです。

ここが知りたい

質問 ▶▶　息で発音しているか、声で発音しているかどう見分けるのですか。
答え ▶▶　よい質問です。英語の k は、［クッ］という音なので、長く伸ばして発音できません。
　このようなとき、息で発音しているということがわかります。

これだけは覚えましょう

1人称	I walk.	3人称単数	He walks.
2人称	You walk.	3人称複数	They walk.

ここが大切

3人称単数のときは、一般動詞の最後の文字に s をつけるのが普通ですが、次の場合は注意してください。

(1) 単語の**最後の文字が o** [オーゥ]、**ch** [チ]、**sh** [シ] 等**で終わる**動詞には **es** をつけます。
- □ **go**（行く） ⇒ **goes** [ゴーゥズ]
- □ **teach**（〜を教える） ⇒ **teaches** [ティーチズ]
- □ **wash**（〜を洗う） ⇒ **washes** [ワッシズ]

(2) 単語の**最後の文字が y で終わる**動詞には **y を i に直して es** をつけます。
- □ **study**（〜を勉強する） ⇒ **studies** [スタディズ] ※例外として、play などには s をつけるだけです。
- □ **try**（努力する） ⇒ **tries** [チュラーィズ]

(3) 動詞の **have** だけは **has** に変わります。

中学ではこう習う

動詞につく s の発音は最後の文字が p だと ps[プス]、k だと ks[クス]、ts だと [ツ] になります。

確認問題

次の英文が正しい文になるように（　　）内の語を適当な形にして＿＿＿に書いてください。

(1) Tony ＿＿＿＿ hard.　　　　　（try）
(2) Judy ＿＿＿＿ a book.　　　　（have）
(3) Tony ＿＿＿＿ English.　　　　（study）
(4) My father ＿＿＿＿ to Tokyo.　（go）

解答 (1) tries (2) has (3) studies (4) goes

3 be 動詞の意味は ＝

be 動詞は記号のイコール（＝）と同じ意味をもった単語であるということを理解してください。

たとえば、次のような日本文があるとします。

(a) 私は学生です。
(b) あなたは学生です。
(c) 私たちは学生です。
(d) トニー君は学生です。

この(a)(b)(c)(d)の日本文には、動作を表す動詞がありません。このことから、be 動詞（is, am, are）を主語（〜は）の次に置かなければならないことがわかります。それでは、まず、is, am, are を使い分けてみましょう。

(a) **私（1人）は**　　　　　**am** ➡ **I am**
(b) **あなた（1人）は**　　　**are** ➡ **You are**
(c) **私たち（2人以上）は**　**are** ➡ **We are**
(d) **トニー君（1人）は**　　**is** ➡ **Tony is**

次に be 動詞のあとに学生という単語を置かなければならないのですが、じつはこの学生という単語は、**1人の場合は a student**[ア　ステューデントゥ]、**2人以上の場合には、students**[ステューデンツ]にしなければならないのです。ここで数字のイコールの役目をはたす is, am, are の登場になるのです。

(a) I は1人なので、a student

　　☐ **I　am　a student.**
　　　　1人　＝　　1人

(b) You も1人なので、a student

　　☐ **You　are　a student.**
　　　　1人　＝　　1人

　　※ただし、You には「あなたたち」という意味もあります。

(c) We は2人以上なので、students

　　☐ **We　are　students.**
　　　2人以上　＝　2人以上

(d) Tony は1人なので、a student

　　☐ **Tony　is　a student.**
　　　　1人　＝　　1人

ここを間違える

　動作や状態を表す動詞がないときは、主語の次に be 動詞を必ず置かなければなりません。be 動詞には、はっきりとした意味はありませんが、日本語の「**です**」にあたると覚えておきましょう。ただし、いつでも「です」があるとはかぎりません。

(a)　私はいそがしい。　　(b)　私は背が高い。　　(c)　私は学生だ。

のような文は、be 動詞を使って次のようにします。

(a)　I am ＋ いそがしい (busy).　(b)　I am ＋ 背が高い (tall).
(c)　I am ＋ 学生 (a student).

ここが大切

　英語では、数えられる名詞（たとえば、学生）の場合、1人の場合を単数、2人以上の場合を複数と考えます。単数の場合は、a student、複数の場合には、students とします。

　たとえば、皿(dish)の場合、1枚の場合を単数、2枚以上の場合を複数と考えます。単数の場合は **a dish**[ディッシ]、複数の場合は **dishes**[ディッシズ] とします。

　s をつけるか es をつけるかは、単語の最後の文字が表す発音によります。es をつけて発音しやすければ es をつけます。

確認問題

　次の（　）に最も適当な be 動詞を入れてください。
(1)　I (　　　) Tony.
(2)　You (　　　) Judy.
(3)　You and I (　　　) students.
(4)　Tony (　　　) a student.
(5)　My father (　　　) a teacher.
(6)　We (　　　) teachers.

解答　(1) am　(2) are　(3) are　(4) is　(5) is　(6) are

4 いろいろな主語

ここでは、主語について考えてみたいと思います。
「〜は」の部分にくるものが主語なのです。
「〜は」のほかに「**〜が**」となっているときも主語と考えることができます。なお、下の例のように主語は、1単語とはかぎりません。

◆単数：1人〔1つ、1匹〕である場合◆
- □**1冊のある本** － a book
- □**この本** － this book
- □**あの本** － that book
- □**あの小さい本** － that small book
- □**私の本** － my book

◆複数：2人〔2つ、2匹〕以上の場合◆
- □**2冊のある本** － two books
- □**これらの本** － these books
- □**あれらの本** － those books
- □**あれらの小さい本** － those small books
- □**私の本** － my books

ここが大切

　名詞の使い方で注意してほしいことは、次のようなことです。たとえば、書店で、「本をください」といったら、あなたのほしい本が買えるでしょうか。多分、「どの本がほしいのですか」のように質問されると思います。そして、**「この本をください」のようにはっきりいうときには、a をつけることはできません。**こういうわけなので、「この本」のことを、this book というのです。一方、「はっきりしない1冊の本」のことは a book というのです。

Link a ➡ P.26

中学ではこう習う

　主語は、「～は」「～が」の部分をさします。
　英語も日本語とまったく同じで、「～は」「～が」の部分にくるものが主語と考えることができます。また、主語は1単語とは限らず、そのときと場合によって、短いときと長いときがあります。

ここを間違える

　「私のイヌは泳ぐ」
となっていても、話をしている人が、1匹のイヌと考えているか、2匹以上のイヌのことを考えているかによって My dog にするか My dogs にするかが違ってきます。

　次にあげる語も、日本語ではあいまいになるので注意してください。
- 私の本　　　　my book　　□複数の私の本　　　my books
- トニー君の本　Tony's book　□複数のトニー君の本　Tony's books

　※ Tony's については 21、34 ページでくわしく学習します。

確認問題

次の（　）に適当な単語を入れてください。
(1) 1匹のあるイヌ　　　（　　　）dog
(2) このイヌ　　　　　　（　　　）dog
(3) これらのイヌ　　　　（　　　）（　　　）
(4) あれらのイヌ　　　　（　　　）（　　　）
(5) トニー君のイヌ　　　（　　　）dog

解答　(1) a　(2) this　(3) these dogs　(4) those dogs　(5) Tony's

5 長い主語を作る方法

　主語を作る上で、これだけは間違ってはいけないという点について説明してみようと思います。
　仮に、book という単語がある場合、次のように考えてください。

◆ book がどの本なのかはっきりさせたいときのパターン ◆

- □ **my** book（私の本）
- □ **your** book（あなたの本）
- □ **his** book（彼の本）
- □ **her** book（彼女の本）
- □ **Tony's** book（トニー君の本）
- □ **my father's** book（私の父の本）
- □ **that** book（あの本）
- □ **this** book（この本）

まず、これが基本になります。

　この基本のパターンに、もう少しくわしく説明したいときに人や物の形や状態や性質や数量を表したりする**形容詞を book の前に入れます**。

- □ my **small** books（複数の私の**小さい**本）
- □ these **two** books（これらの**2冊の**本）

ここを間違える

　all（すべての）という単語を使いたい場合は、my books（複数の私の本）、these books（これらの本）という**かたまりの前に all をつけます**。

- □ **all** my books（**すべての**私の本）
- □ **all** these books（**すべての**これらの本）

郵 便 は が き

530-8790

154

料金受取人払郵便

大阪北局
承　認
1059

差出有効期間
平成32年5月31日まで
※切手を貼らずに
お出しください。

大阪市北区兎我野町15-13

　　　　ミユキビル

フォーラム・A

　愛読者係　行

|ɪ|ı|ıl|ıı·ıl|ıı·ıll|·ıl|ıl|ıll|·ı|·ı|·ı|·ı|·ı|·ı|·ı|·ıll|

愛読者カード　ご購入ありがとうございます。

フリガナ				性別	男 ・ 女
お名前				年齢	歳
TEL FAX	（　　）		ご職業		
ご住所	〒　－				
E-mail		＠			

ご記入いただいた個人情報は、当社の出版の参考にのみ活用させていただきます。
第三者には一切開示いたしません。
□学力がアップする教材満載のカタログ送付を希望します。

● ご購入書籍・プリント名

● 本書（プリント含む）を何でお知りになりましたか？（あてはまる数字に○をつけてください。）

1. 書店で実物を見て
　（書店名　　　　　　　　　　）
2. ネットで見て
3. 広告を見て
　（新聞・雑誌名　　　　　　　）
4. 書評・紹介記事を見て
　（新聞・雑誌名　　　　　　　）
5. 友人・知人から紹介されて
6. その他（　　　　　　　　　）

● 本書の内容にはご満足いただけたでしょうか？（あてはまる数字に○をつけてください。）

たいへん満足　5　ー　4　ー　3　ー　2　ー　1　不満

● ご意見・ご感想、本書の内容に関してのご質問、また今後欲しい商品の**アイデア**がありましたら下欄にご記入ください。

おハガキをいただいた方の中から抽選で10名様に2,000円分の図書カードをプレゼントいたします。当選の発表は、賞品の発送をもってかえさせていただきます。

ご感想を小社HP等で匿名でご紹介させていただく場合もございます。　□可　□不可

小社の出版物はお近くの書店にご注文ください。　　　　ご協力ありがとうございました。

ここを間違える

どの本かはっきりしない場合には、book の前に a をつけて、a book といいます。はっきりしているときには a をつけないことから、a my book という英語は間違いであるとわかります。

これだけは覚えましょう

英語では、代名詞という文法用語があります。名詞の代わりをする単語です。その代名詞の中に所有(だれのものか)を表す代名詞があります。

私の	my	私たちの	our
あなたの	your	あなたたちの	your
彼の	his	彼(女)らの	their
彼女の	her		

また、「トニー君の」や「私の父の」といいたいときには、**Tony's, my father's** のように **'s** をつけて「〜の」を表します。's をアポストロフィ s (エス)と呼びます。

Link 所有代名詞 ➡ P.34

確認問題

次の ( ) に適当な単語を入れてください。
(1) 私の本　　　　　　(　　　) book
(2) あなたの本　　　　(　　　) book
(3) 彼の本　　　　　　(　　　) book
(4) 彼女の本　　　　　(　　　) book
(5) トニー君の本　　　(　　　) book
(6) すべての私の本　　(　　　)(　　　)(　　　)
(7) すべてのこれらの本(　　　)(　　　)(　　　)

解答 (1) my (2) your (3) his (4) her (5) Tony's (6) all my books (7) all these books

6 目的語とは？

　英語では、ふつう「主語＋動詞」（だれがどうする）を、まず最初に置きます。このときに、疑問がうまれることがあります。

　どのような疑問がうまれるかによって呼び名は違ってくるのですが、〈何を〉とか〈だれを〉のような疑問がうまれるとき、〈何を〉や〈だれを〉という疑問に対して答える単語や語句（いくつかの単語の集まり）を英文法用語で**目的語**と呼びます。

　実際にどのような疑問がうまれ、どのような単語が目的語にあたるかを考えてみることにします。

(a) 私はあのイヌを知っています。　➡　私は知っています　〈何を〉　あのイヌを
　　　　　　　　　　　　　　　　　　　I know　　　　　　　　　**that dog.**

(b) 私はこのイヌを飼っています。　➡　私は飼っています　〈何を〉　このイヌを
　　　　　　　　　　　　　　　　　　　I have　　　　　　　　　**this dog.**

(c) 私は自転車を1台持っています。　➡　私は持っています　〈何を〉　自転車を1台
　　　　　　　　　　　　　　　　　　　I have　　　　　　　　　**a bike.**

(d) 私はこの自転車が好きです。　➡　私は好きです　〈何が〉　この自転車が
　　　　　　　　　　　　　　　　　　I like　　　　　　　　**this bike.**

(e) 私はそれが好きです。　➡　私は好きです　〈何が〉　それが
　　　　　　　　　　　　　　　I like　　　　　　　　**it.**

ここが大切

　like（好きです）という動詞を置くと、〈何が〉または〈だれが〉という疑問がうまれます。その疑問に対して、「この自転車」や「それ」と答えます。

　ここで注意していただきたいことは、普通は〈何を〉または〈だれを〉という疑問がうまれたとき、動詞の次にくる単語〔語句〕が目的語なのですが、like のときは〈何を（好き）〉や〈だれを（好き）〉よりも〈何が（好き）〉や〈だれが（好き）〉という言い方をします。ただし、どちらも同じ意味なので、**like の次にくる単語〔語句〕も目的語**なのです。

もっとくわしく

「主語＋動詞＋目的語」という文のパターンがあります。

 I like Tony.（私はトニー君が好きです）
  ～が好きです 目的語

この文のパターンをとる条件は、「～を知っている」「～を買う」「～を持っています」「～が好きです」のように「～を〔が〕」という意味を動詞が持っているということです。

ときどき、「～と結婚する」のように「～と」が入っている動詞もあります。

これだけは覚えましょう

英語には名詞の代わりをする代名詞と呼ばれているものがあります。21ページでは所有を表す代名詞を学びましたが、ここでは目的語を表す代名詞を覚えます。

私を	me	私たちを	us
あなたを	you	あなたたちを	you
彼を	him	彼(女)らを それらを	them
彼女を	her		
それを	it		

I know   her.   I have   it.
私は知っている　〈だれを〉　彼女を　　　私は持っています　〈何を〉　それを

Link 人称代名詞目的格 ⇒ P.32

確認問題

次の日本文を英文にしてください。
(1) 私はあなたを好きです。
(2) 彼女はトニー君を好きです。
(3) 私たちは彼らを好きです。
(4) 彼女らは私たちを好きです。

解答 (1) I like you. (2) She likes Tony. (3) We like them.
   (4) They like us.

7 手でかくせる副詞とかくせない形容詞

形容詞には次の2つの使い方があります。
(1) **主語がどのようなようすや状態、性質であるかの説明**に使います。
　　☐ **I am busy.** （私はいそがしい）
　　☐ **Tony is tall.** （トニー君は背が高い）
(2) **名詞の説明**に使います。
　　☐ 小さい少年　**a small boy**　　☐ 親切な先生　**a kind teacher**

副詞には次のような使い方があります。
　意味のわかる完全な英文に付けたす、**付け加えの言葉**として、いろいろな位置に使われます。一般的に文の最後にくることが多いようですが、「どれぐらいに一度の割合か」を示す sometimes（ときどき）のような単語は、not が入る位置に置くのが普通です。

☐ **I like you very much.** （私はとてもあなたが好きです）
　I like you　　＋　　very much.
　私はあなたが好きです　　　とても

☐ **I walk fast.** （私は速く歩きます）
　I walk　＋　fast.
　私は歩く　　速く

☐ **I sometimes study.** （私はときどき勉強します）

　上の文の very much, fast, sometimes を手でかくしても、残りの英文だけで意味がわかることに気がつくと思います。
　このように手でかくしても、残りの英文の意味が完全にわかるとき、手でかくした単語を副詞、2語以上の場合を副詞句と呼びます。

もっとくわしく

(1) 形容詞とは、人や物の性質や形状、数量などを表す言葉です。形容詞は普通、名詞の前に置いて、名詞を修飾（説明）することができます。
　　☐ **a small dog** （小さいイヌ）

(2) 形容詞には Tony is ＿＿＿. のように be 動詞の次に置いて、主語のようすや状態、性質を表す場合にも使われます。
  ☐ **Tony is <u>busy</u>.** （トニー君はいそがしい）

これだけは覚えましょう

  ☐ **This is a <u>small</u> book.** （これは小さい本です）
  ☐ **This book is <u>small</u>.** （この本は小さい）

このようにまったく同じ意味の英語を、形容詞を使って2通りに表すことができます。

もっとくわしく

(1) 副詞は、動詞などを修飾(説明)して、「いつ」「どこで」「どのように」「どのぐらい」といった意味を表す単語です。
  ☐ **I walk <u>fast</u>.** （私は速く歩きます）
(2) 副詞は形容詞を修飾(説明)する場合もあります。
  ☐ **This is a <u>very</u> small book.** （これはとても小さい本です）
(3) 副詞は別の副詞を修飾(説明)することもあります。
  ☐ **I know Tony <u>very</u> well.** （私はトニー君をとてもよく知っています）

Link 形容詞 ⇒ P.58〜
Link 副詞 ⇒ P.64〜

確認問題

次の英文の適当なところに（ ）の中の形容詞・副詞を入れて正しい英文を＿＿＿に書いてください。
(1) Tony is a boy. (small)
(2) That boy is Tony. (small)
(3) I walk. (fast)
(4) I study. (sometimes)

解答 (1) Tony is a small boy. (2) That small boy is Tony.
(3) I walk fast. (4) I sometimes study.

1章 文のしくみ

8 one から変化した a

英語には**冠詞**という日本語にはない文法用語があります。王様がいつも頭の上にのせているぼうしのようなものは王冠です。この王様の王冠と同じように、英語の名詞で**特に数えられる名詞の前**にはたいていの場合、**いっぱいある中のどれでもよいから1つだけの物や人を表す場合、a＋名詞**にしなければならないのです。この a はときと場合により、an にもなります。

ここが知りたい

質問▶▶　a と an の使い分け方を教えてください。
答え▶▶　英語は、単語と単語をくっつけて発音するのが普通なので、発音しにくい場合に an ＋名詞のように使います。
　　たとえば egg［エッグ］という単語があるとします。a をつけて発音すると［アエッグ］となり、とても発音しにくいので an egg とします。これを1つの単語のように発音すると anegg［アネッグ］となるのです。

質問▶▶　a や an が「1つの」を表すのはどうしてですか。
答え▶▶　するどい質問ですね。次のように考えてください。one［ワンヌ］が an［アン］、そして a［ア］となったので、この3つが同じ意味なのです。

質問▶▶　one と a または an の使い分けはあるのですか。
答え▶▶　よい質問ですね。たとえば「これは本です」という日本文には、どこにも「1つの」という日本語がありません。このようなときに This is a book. のように a を使います。
　　ところが、どうしても「1冊の本」のようにいいたいときには one book といいます。これは日本語でも同じですね。
　　このことから a book の a は「（2冊以上ある本のうちの）ある1冊の本にすぎないんですよ」ということを表したいときに使っていると考えてください。

ここが大切

母音(a, i, u, e, o)の音が名詞の最初の音になっているときに、a ＋名詞の代わりに **an ＋名詞**とするのです。ただし、u から始まる単語はまずないので、実際には(a, i, e, o)の場合にかぎられます。

□ **an apple** [アネァポー]（一個のリンゴ）　　□ **an egg** [アネッグ]（一個のたまご）

ここを間違える

an を使うときは an ＋名詞になることが多いのですが、形容詞＋名詞のようになっていて、形容詞の単語の最初の音が母音で始まっているときも an ＋形容詞＋名詞になります。

□ **an old book** [アノーゥオドゥ]（古い本）
　　　　　　　オーゥ
□ **an honest boy** [アナニストゥ]（正直な少年）
　　　　　　　　ア

もっとくわしく

◆ a がつかない名詞 ◆
▶ 普通は**名前には a をつけません**。
　　人・国・町・学校・山などの名前　**Tony**（トニー）・**Japan**（日本）
▶ 量で表す数えられない名詞　**water**（水）

Link 数えられない名詞 ➡ P.30

確認問題

次の（　）に a または an を入れてください。
(1) This is (　　) book.　　　(2) This is (　　) big book.
(3) This is (　　) old book.　(4) This is (　　) apple.
(5) That is (　　) eagle.　　 (6) This is (　　) egg.
(7) Tony is (　　) honest boy.
(8) This is (　　) interesting book.

解答　(1) a　(2) a　(3) an　(4) an　(5) an　(6) an　(7) an　(8) an

9 相手にもはっきりしているときは the

　英語には、**定冠詞**という文法用語もあります。「定」という日本語からわかることは、「**定まっている**」ということです。王様の王冠を例にとると、a crown は「2つ以上ある王冠のうちのある王冠」という意味になります。つまり、この王様はいっぱい王冠を持っていて、そのときと場合に応じて、そのうちのどれかをかぶっているということになります。このことから、a crown の a のことを**不定冠詞（定まらない冠詞）**と呼びます。一方、a crown の代わりに the crown としますと、頭にいつもかぶっている「その王冠」となります。つまり、「どの王冠」であるかがはっきり定まっているという意味が、聞いている人に伝わります。
　この「定まっている」という意味の the[ざ]を定冠詞と呼んでいるのです（中学では、the を「その」という意味で教えています）。

◆ the の使い方 ◆
▶ 同じ名詞が2度目に出てくるとき
　　I have a bike. （私は自転車を持っています）
　☐ **The bike is black.** （その自転車は黒い）

▶ 自分と相手がどの名詞をさしているかがお互いにわかるとき
　☐ **Please open the window.** （窓を開けてください）
　　　　　　　　　どの窓かわかっている

▶ 「楽器をひく」という意味のとき
　☐ **play the piano** （ピアノをひく）

▶ 世の中に1つしかないものを表すとき
　☐ **the sun** （太陽）

発音　a crown [アクゥラーウンヌ]　bike [バーィク]　black [ブレァック]
　　　piano [ピエァノーゥ]　sun [サンヌ]

もっとくわしく

中学では、a, an, the の３つを冠詞という言い方で習うことが多いと思います。ただし、高校では **a** と **an** を**不定冠詞**、**the** を**定冠詞**と習います。

ここを間違える

「はっきりしていないとき」は a、「はっきりしているとき」は the を使うと習うのは正しいのですが、次のように考えると a の使い方がもっとよくわかります。

　I need a pen. (私はペンが必要です)

この場合は、どれでもよいからという意味なので、a を使っています。

　I bought a pen. (私はペンを買った)

自分にとっては、どのペンを買ったかがはっきりしているのですが、相手はどのペンを買ったのかがはっきりわかっていないので、a を使っているのです。

 need ［ニードゥ］ 　bought ［ボートゥ］

確認問題

　　（　　）に a か the を入れてください。
(1) 窓を開けてください。
　　Please open (　　　) window.
(2) 私は自転車を持っています。
　　I have (　　　) bike.
　　その自転車は黒い。
　　(　　　) bike is black.
(3) 太陽が昇っています。
　　(　　　) sun is rising.

解答　(1) the　(2) a／The　(3) The

10 数えられない名詞の見分け方

名詞には、数えられる名詞と**数えられない名詞**があります。

ここが知りたい

質問 ▶▶　数えられる名詞と数えられない名詞はどうやって区別をすればよいのですか。

答え ▶▶　日本語で考えて、1つ、2つのように数えられるものは、たいてい英語でも数えることができます。一方、ミルク、水、ジュース、さとうなどは数えることができません。どうしても数えたいときは、コップやグラスなどの容器に入れて、容器の数を数えるしかありません。

　ただし、ときどき、ややこしいものもあります。チョークや紙も英語では数えることができない名詞と考えます。そういわれても、なぜチョークや紙が数えられないのかがわかりませんね。

　そこで、次のように考えればわかりやすいと思います。**数えられる名詞は、部分によって物の名前がついていますが、数えられない名詞は、どこをとっても同じであるということです。**

　たとえば、自転車を例にとって考えると、車輪、ハンドルのように部分によって呼び名が違います。このことから、自転車は数えられる名詞と考えることができます。同じようにリンゴも、実、皮、しんにわけることができます。

　この方法で数えられない名詞も考えてみましょう。チョーク、紙を例にとると、チョークはどこで折ってもチョーク、紙はどこで切っても紙であることから、数えられない名詞であることがわかります。

これだけは覚えましょう

数えられない名詞をどうしても数えたいときの数え方です。**冷たい飲み物**は **glass**、**熱い飲み物**は **cup** を使います。

- **a glass of** milk ［ア　グレァサヴミオク］ **コップ1杯の**ミルク
- **two glasses of** milk ［トゥー　グレァスィゾヴミオク］ **コップ2杯の**ミルク
- **a cup of** tea ［ア　カッパヴティー］ **コップ1杯の**お茶
- **two cups of** tea ［トゥー　カッパサヴティー］ **コップ2杯の**お茶
- **a piece of** chalk ［ア　ピーサヴチョーク］ **1本の**チョーク
- **two pieces of** chalk ［トゥー　ピースィザヴチョーク］ **2本の**チョーク
- **a piece of** paper ［ア　ピーサヴペーィパァ］ **1枚の**紙
- **two pieces of** paper ［トゥー　ピースィザヴペーィパァ］ **2枚の**紙

ここを間違える

中学英語では like のあとが数えられる名詞の場合は s をつけると習います。

- 私はイヌが好きです。　　**I like dogs.**
- 私は緑茶が好きです。　　**I like green tea.**

確認問題

次の（　）に適当な単語を入れてください。

(1) 私はミルクが好きです。
　　I like (　　　).
(2) 私は本が好きです。
　　I like (　　　).
(3) 私は毎日コップ1杯のミルクを飲みます。
　　I drink (　　　)(　　　)(　　　) milk every day.
(4) 私はコップ2杯のお茶がほしい。
　　I want (　　　)(　　　)(　　　) tea.

解答　(1) milk　(2) books　(3) a glass of　(4) two cups of

11 人称代名詞 ── 主格と目的格

　名詞の代わりをする言葉を文法用語で代名詞といいます。話し手（1人称）と聞き手（2人称）とそのほかの人やもの（3人称）といって区別するときに使う代名詞を特に、**人称代名詞**といいます。人称代名詞は、使われる場所によって、形が変わります。動詞の前に使われているときと動詞の次に使われているときとは形が変わるということなのです。人称の変化は次のように英文で覚えておくと便利です。

□ I 私は	know 知っている	him. 彼を	□ He 彼は	knows 知っている	me. 私を
□ You あなたは	know 知っている	her. 彼女を	□ She 彼女は	knows 知っている	you. あなたを
□ We 私たちは	know 知っている	them. 彼らを	□ They 彼らは	know 知っている	us. 私たちを

ここを間違える

　theyには「**彼らは**」という意味だけではなく「**彼女らは**」「**それらは**」という意味もあります。
　themには「**彼らを**」という意味だけではなく「**彼女らを**」「**それらを**」という意味もあります。
　youには「**あなたは**」「**あなたを**」という意味だけではなく「**あなたたちは**」「**あなたたちを**」という意味もあります。

ここが知りたい

質問 ▶▶　代名詞を使うときに注意すべきことはありますか。
答え ▶▶　英語では、He is my friend.（彼は私の友だちです）のような言い方を最初からすることは普通ありません。
　まずThat boy is Tony.（あの少年はトニー君です）といって、誰なのかをはっきりさせてから、He is my friend. というのが正しい代名詞の使い方です。

中学ではこう習う

I　　know　　him.
主語　　動詞　　目的語
（主格）　　　　（目的格）

のように動詞の前にある I（私は）を**主語**といいます。人称代名詞が主語の位置にきているときを**主格**といいます。

そして、動詞 know の次にきている単語を**目的語**といいます。人称代名詞が目的語の位置にきているときを**目的格**といいます。

		主格（〜は）	目的格（〜を）
1人称	私 私たち	**I** [アーィ] **we** [ウィー]	**me** [ミー] **us** [アス]
2人称	あなた あなたたち	**you** [ユー] **you** [ユー]	**you** [ユー] **you** [ユー]
3人称	彼 彼女 彼(女)ら それ それら	**he** [ヒー] **she** [シー] **they** [ぜーィ] **it** [イットゥ] **they** [ぜーィ]	**him** [ヒム] **her** [ハ〜] **them** [ぜム] **it** [イットゥ] **them** [ぜム]

確認問題

次の（　）に適当な代名詞を入れてください。
(1) 私は彼を知っています。　　　　（　　　）know（　　　）.
(2) 彼は私を知っています。　　　　（　　　）knows（　　　）.
(3) 彼女は彼を知っています。　　　（　　　）knows（　　　）.
(4) 彼は彼女を知っています。　　　（　　　）knows（　　　）.
(5) 私たちは彼らを知っています。　（　　　）know（　　　）.
(6) 彼らは私たちを知っています。　（　　　）know（　　　）.

解答　(1) I／him　(2) He／me　(3) She／him　(4) He／her
　　　　(5) We／them　(6) They／us

12 人称代名詞・名詞の所有格と所有代名詞

◆**所有格**◆

「**〜の**」の意味を表す形を**所有格**といいます。

(1) 人や動物を表す名詞の所有格を表すときに**名詞＋'s**という形で「**〜の**」を表すことができます。**'s**をアポストロフィーsと呼んでいます。

  私の父は   my father [ファーざァ]
  ☐**私の父の本** **my father's** book [ファーざァズ]
  トニー君は   Tony [トーゥニィ]
  ☐**トニー君の本** **Tony's** book [トーゥニィズ]

(2) 人称代名詞にも所有格があります。

  ☐**私の本**   **my** book [マーィ]
  ☐**あなた(たち)の本** **your** book [ユアァ]
  ☐**彼の本**   **his** book [ヒズ]
  ☐**彼女の本**   **her** book [ハ〜]
  ☐**彼(女)らの車** **their** car [ぜァァ]
  ☐**私たちの車**   **our** car [アーゥァ]

◆「**〜のもの**」を表す言葉◆

(1) 名詞に**'s**をつけると①「**〜の**」と②「**〜のもの**」の両方を表すことができます。「〜の」は所有格、「〜のもの」は所有代名詞といいます。

  ☐①トニー君の ②トニー君のもの **Tony's**
  ☐①私の父の ②私の父のもの **my father's**

(2) 「私のもの」などを表すとき(所有代名詞)は、次のようにします。

  ☐**私のもの**   **mine** [マーィンヌ]
  ☐**あなた(たち)のもの** **yours** [ユアァズ]
  ☐**彼のもの**   **his** [ヒズ]
  ☐**彼女のもの**   **hers** [ハ〜ズ]
  ☐**私たちのもの**   **ours** [アーゥァズ]
  ☐**彼(女)らのもの** **theirs** [ぜァァズ]

これだけは覚えましょう

所有格と所有代名詞を使って同じ意味の書きかえをすることができます。これはとても大切なので、しっかり覚えましょう。

(1) ☐ これは私の本です。　　　　**This is my book.**
　　　この本は私のものです。　　**This book is mine.**

(2) ☐ これはあなたの本です。　　　**This is your book.**
　　　この本はあなたのものです。　**This book is yours.**

(3) ☐ これは彼の本です。　　　　**This is his book.**
　　　この本は彼のものです。　　**This book is his.**

(4) ☐ これは彼女の本です。　　　　**This is her book.**
　　　この本は彼女のものです。　　**This book is hers.**

(5) ☐ これは彼らの車です。　　　　**This is their car.**
　　　この車は彼らのものです。　　**This car is theirs.**

(6) ☐ これは私たちの車です。　　　　**This is our car.**
　　　この車は私たちのものです。　　**This car is ours.**

確認問題

次の日本文を英文にしてください。
(1) そのペンは私のものです。
(2) それは私のペンです。
(3) このペンはあなたのものです。
(4) この車は私の父のものです。

解答 (1) The pen is mine.　(2) It is my pen.　(3) This pen is yours.
　　　　(4) This car is my father's.

ペットの性別

コミュニケーションのための
便利な英語

(1) he は「彼」、she は「彼女」という意味の単語ですが、次のように使うと、動物の性別についてとても便利な言い方ができます。
　　This is a he-cat.（これはオスのネコです）
　　This is a she-cat.（これはメスのネコです）

(2) I am a boy.（私は少年です）
　　I am a girl.（私は少女です）
　　見ればわかるときでも、このような表現をわざと使うことがあります。男の人が女の人、または、女の人が男の人を誘うときに使われるのです。
　　このような言い方は、危険な言い方なので避けましょう。

「～する人」

コミュニケーションのための
便利な英語

　英語では、動詞に er をつけると～する人を表すことができます。play tennis（テニスをする）のように2つの単語から成り立っているときは、a tennis player（テニスをする人）のように日本語と同じ順番にすることで～する人を表すことができます。watch TV（テレビを見る）ならば、a TV watcher とすればよいのです。このようにすればいくらでも～する人を作ることができます。

　ただしひとつだけ注意をしなければならないことがあります。watch birds（鳥を観察する）のように名詞に s がついているときは s を消して、a bird watcher としてください。

　bird と watcher は両方とも名詞なのですが、名詞＋名詞になるときは、前の名詞が形容詞としての働きをするので、bird に s をつけられないのです。

2章　動詞と助動詞

　英語を理解する上でとても大切なものが「動詞」です。
　英語は日本語と違って、動詞そのものが変化して、現在を表したり、過去を表したりします。つまり、動詞の変化を覚えることが大切になってくるのです。ここでは、動詞の他に、「助動詞」を勉強します。助動詞は動詞を助けて、よりくわしい内容を表すのにとても力を発揮します。

1　否定文と疑問文の作り方 ── 一般動詞
2　否定文と疑問文の作り方
　　── be 動詞・助動詞
3　否定文と疑問文の作り方 ── 現在完了
4　否定文と疑問文の作り方 ── 過去
5　助動詞の 2 つの意味
　　──「自分のやる気」と「可能性」
6　「ていねいさ」を表す助動詞の過去形
7　助動詞が 2 つ続くときは書きかえる
8　ing のつけ方
9　進行形

　●動詞の ed のつけ方
　●イキイキとした進行形

1 否定文と疑問文の作り方 ── 一般動詞

文には次の3つのパターンがあります。
- **肯定文**　　「あなたは英語を**話します**」
- **否定文**　　「あなたは英語を**話しません**」
- **疑問文**　　「あなたは英語を**話しますか**」

これだけは覚えましょう

◆長沢式　否定文と疑問文の作り方◆

| 否定文の公式 | ① | ② | **not** | ③ |
| 疑問文の公式 | ② | ① | | ③ **?** |

この公式は次のように使うことができます。
(1) まずは、肯定文を作ります。
　　たとえば、「あなたは英語を話します」という文を英語に直します。
　　You　　speak　　English.
　　あなたは　話す　　英語

(2) 次に not (～ない) を入れる位置を決めます。
　(a) You　　speak　　(b) You　　English
　　あなたは　話す　　　　あなたは　英語
　どちらの方がよく意味がわかりますか。
　(b)の「あなたは英語」より、(a)の「あなたは話す」の方がよく意味がわかりますね。このように考えられるときに(a)の You ＿＿＿ speak の ＿＿＿ に not を入れるのです。すると You not speak English. という英文ができます。

(3) ここで否定文の公式にあてはめてみます。
　　You　　　　not　speak　English.
　　　①　　　　②　　　③
　このままでは②のところに単語がきていません。

(4) そこで、②に否定文や疑問文を作る語である do か does を入れます。
　　You の場合には do を入れます。
　　□ **You　do　not　speak　English**．（あなたは英語を話しません）
　　　　①　②　　　③

(5) 次に疑問文です。公式をみて、疑問文の公式にあてはめます。
　　□ **Do　you　speak　English?**（あなたは英語を話しますか）
　　　　②　①　　③

ここが知りたい

質問 ▶▶ **do と does の使い分け**はどうすればよいのですか。

答え ▶▶ does は I と You 以外の物〔人〕が主語で、主語が１つ〔１人〕の場合に使います。

逆にいうと I と You は必ず do を使うということです。

- **You do not speak English.**（あなたは英語を話しません）
- **I do not speak English.**（私は英語を話しません）
- **Tony does not speak English.**（トニー君は英語を話しません）
  I・You以外の１人
- **Does Tony speak English?**（トニー君は英語を話しますか）

もっとくわしく

does がついているときは、肯定文についていた**動詞の s はなくなります。**
このような動詞の形を、**動詞の原形**といいます。

Tony speaks English.
- **Does Tony speak English?**
　　　　　　原形

Link 動詞の原形 ➡ P.45「ここが大切(1)」

確認問題

次の（　）に適当な単語を入れてください。
(1) You speak English.
　①否定文に：You（　　　）（　　　）speak English.
　②疑問文に：（　　　）you speak English?
(2) Tony speaks English.
　①否定文に：Tony（　　　）（　　　）（　　　）English.
　②疑問文に：（　　　）Tony（　　　）English?

解答 (1) ① do not　② Do　(2) ① does not speak　② Does ／ speak

2　否定文と疑問文の作り方 ── be動詞・助動詞

> 否定文の公式　① ②　not ③
> 疑問文の公式　② ①　　　③ ?

「～は～です」のような be 動詞の肯定文も、この公式を使って否定文と疑問文にすることができます。

◆ be 動詞の文 ◆

This is your pen.（これはあなたのペンです）

(1)　この英文の否定文と疑問文を作ってみましょう。

　(a)　<u>This</u>　　<u>is</u>　(b)　<u>This</u>　　<u>your pen</u>
　　　 これは　　です　　　これは　　あなたのペン

(2)　どちらがよく意味がわかりますか。

　(b)の This ＿＿ your pen の方がよく意味がわかります。

(3)　このことから your pen の前に not を入れます。

　This is not your pen.

(4)　この英文に否定文の公式の①②③という番号をあてはめます。あいているところがないので、これで完成です。

　☐ **This is not your pen.**
　　　 ①　 ②　　　　③

(5)　次に疑問文です。このまま①と②をひっくり返して疑問文の公式にあてはめます。

　☐ **Is this your pen?**
　　　②　①　　③

◆ 助動詞の文 ◆

(1)　もう1問、同じように考えて解いてみましょう。

You can swim.（あなたは泳ぐことができます）

　(a)　<u>You</u>　　<u>can</u>　(b)　<u>You</u>　　<u>swim</u>
　　　 あなたは　 できる　　あなたは　 泳ぐ

　(b)の You ＿＿ swim の方がよく意味がわかるので、swim の直前にnot を入れ、否定文の公式にあてはめます。

　☐ **You can not swim.**（あなたは泳げません）
　　　①　　②　　③

(2)　①②とそろっているので、②と①をひっくり返して、疑問文の公式にあてはめます。

　☐ **Can you swim?**（あなたは泳げますか）
　　　②　　①　　③

中学ではこう習う

be 動詞が入っている英文の場合は **be 動詞の次に not を入れると否定文、be 動詞と主語をひっくり返す**と疑問文になります。

  This is her pen. 〈肯定文〉 （これは彼女のペンです）
☐ **This is not her pen.** 〈否定文〉 （これは彼女のペンではありません）
☐ **Is this her pen?** 〈疑問文〉 （これは彼女のペンですか）

can が入っている英文の場合は **can の次に not を入れると否定文、can と主語をひっくり返す**と疑問文になります。

  He can swim. 〈肯定文〉 （彼は泳げます）
☐ **He can not swim.** 〈否定文〉 （彼は泳げません）
☐ **Can he swim?** 〈疑問文〉 （彼は泳げますか）

can not は中学では cannot と習いますが、実際の英語では can't を使います。

Link 助動詞 ➡ P.46

確認問題

次の英文を否定文と疑問文にしてください。

(1) Tony is a teacher.
 否 _____
 疑 _____

(2) You are a teacher.
 否 _____
 疑 _____

(3) Tony can swim.
 否 _____
 疑 _____

解答
(1) 否 Tony is not a teacher.   疑 Is Tony a teacher?
(2) 否 You are not a teacher.   疑 Are you a teacher?
(3) 否 Tony can not swim.   疑 Can Tony swim?

3 否定文と疑問文の作り方 ── 現在完了

否定文の公式　①　②　**not**　③
疑問文の公式　②　①　　　　③**?**

ここを間違える

(1) You have seen Tokyo Tower.（あなたは東京タワーを見たことがある）
(2) You have a book.（あなたは本を持っています）
　このように、<u>一見同じように見える英文でも文の作りが違うと、否定文と疑問文の作り方が違ってきます。</u>
(1) You have seen Tokyo Tower.（あなたは東京タワーを見たことがある）
　(a) You　　　　have　　　(b) You　　　　　seen
　　　あなたは　　持っている　　　あなたは　　　　見た
　(c) You　　　　Tokyo Tower
　　　あなたは　　東京タワー
どれが一番よく意味がわかるかを考えます。
　この内容だと、(b)の You　　seen が一番よく意味がわかるので、seen の直前に not を入れて、否定文の公式にあてはめます。
　□ **You　have　not　seen　Tokyo Tower.**
　　　①　　②　　　　③
疑問文は①と②をひっくり返して、疑問文の公式にあてはめます。
　□ **Have　you　seen　Tokyo Tower?**
　　　②　　①　　③

(2) You have a book.（あなたは本を持っています）
　(a) You　　　　have　　　(b) You　　　　　a book
　　　あなたは　　持っている　　　あなたは　　　　本
　この場合は(a)の You have の方が意味がよくわかるので、have の直前に not を入れ、さらに公式にあてはめます。
　□ **You　　　　not　have　a　book.**
　　　①　　②　　　③
このままでは、②がないので、②に do を入れます。
　□ **You　do　not　have　a　book.**
　　　①　②　　　③
次に、①と②をひっくり返して疑問文の公式にあてはめます。
　□ **Do　you　have　a　book?**
　　　②　①　　③

ここが大切

☐ **You have seen Tokyo Tower.**
（あなたは東京タワーを見たことがある）

上の英文は、**現在完了**という**過去の経験を表す英文**で、〈**have ＋過去分詞形**〉にすることで、過去の経験を持っていると考える特別な文のパターンです。

このような現在完了の英文では、You have の次に not を入れることで、否定文になり、You と have をひっくり返すことで、疑問文になると教えています。

それに対して、You have a book.（あなたは本を持っています）は、一般動詞があるので、do を使って否定文と疑問文を作ることができると習うのです。

Link　現在完了　➡　P.132～
　　　　過去分詞形　➡　P.110

確認問題

次の（　）に適当な単語を入れてください。

(1) Tony has a bike.
　①否定文に：Tony（　　　）（　　　）have a bike.
　②疑問文に：（　　　）Tony（　　　）a bike?
(2) You have seen a lion.
　①否定文に：You（　　　）（　　　）seen a lion.
　②疑問文に：（　　　）you seen a lion?

解答　(1) ① does not　② Does ／ have　(2) ① have not　② Have

4 否定文と疑問文の作り方 ── 過去

```
否定文の公式  ①  ②  not  ③
疑問文の公式  ②  ①      ③ ?
```

◆ be 動詞の場合 ◆

▶ 現在形：is　am　are　　▶ 過去形：**was　were**

be 動詞の現在形と過去形の否定文と疑問文の作り方は、まったく同じ考え方で OK です。

Tony was busy.（トニー君はいそがしかった）

(a) Tony　　　was　　(b) Tony　　　busy
　　トニー君は　　でした　　　トニー君は　　いそがしい

(b)の Tony　　　busy の方がよく意味がわかるので、busy の直前に not を入れ、否定文の公式にあてはめます。

☐ **Tony was not busy.**
　　　①　　②　　　③

①と②をひっくり返して、疑問文の公式にあてはめます。

☐ **Was Tony busy?**
　　②　　①　　③

◆ 一般動詞の場合 ◆

一般動詞が現在形の場合、②の所には、do か does かを選んで入れましたが、過去を表しているときは **did を入れるだけ**でよいのです。

ただし、**動詞には ed をつけないように**してください。ed の代わりに id (did) がきているからです。不規則動詞の場合は原形にもどします。

You helped Tony.（あなたはトニー君を手伝った）

一般動詞の現在形と同じ手順で not の位置を決め、②に did をあてはめます。helped は help になります。

☐ **You did not help Tony.**
　　①　②　　　③

You と did をひっくり返して、疑問文の公式にあてはめます。

☐ **Did you help Tony?**
　　②　①　　③

これだけは覚えましょう

☐ I am busy. ⇒ **I was busy.**　　☐ You are busy. ⇒ **You were busy.**
☐ Tony is busy. ⇒ **Tony was busy.**　☐ We are busy. ⇒ **We were busy.**

ここがおもしろい

(1) ・am + is = amis
　・過去を表す w を前につけると、wamis
　・wamis から、m と i を消すと was ができます。
(2) それに対して、are の前に過去を表す w を置いて a を e に変えたものが were なのです。

ここが大切

(1) 辞書の見出し語にのっているつづりを**原形**と呼んでいます。そしてこの原形とまったく同じ単語のつづりが現在形になります。ただし現在形には、s をつけた形もあります。

(2) 過去の意味を表したいときは、一般的に動詞の見出し語（原形）に ed をつけると過去の意味を表すことができます。このように規則的に ed をつける動詞を**規則動詞**といいます。

原形	現在形	過去形
☐ help	{ help ［ヘオプ］ 　helps ［ヘオプス］	**help**ed ［ヘオプトゥ］

　　　　　　　　　　Link 動詞の ed のつけ方 ⇒ P.56

(3) 規則動詞に対して、ed をつけるのではなく原形とまったくちがったつづりになる動詞があります。このようなタイプの動詞を**不規則動詞**といいます。

原形	現在形	過去形
☐ run	{ run ［ウランヌ］ 　runs ［ウランズ］	**ran** ［ウレアンヌ］
☐ come	{ come ［カム］ 　comes ［カムズ］	**came** ［ケーィム］
☐ buy	{ buy ［バーィ］ 　buys ［バーィズ］	**bought** ［ボートゥ］

5 助動詞の2つの意味
──「自分のやる気」と「可能性」

英語では普通、「だれがどうする（主語＋動詞）」から始まるのですが、**主語＋助動詞＋動詞**になることもあります。

たとえば、次のような日本語を英語に直すときに助動詞を使うことがあります。

(1) 私は泳ぐ。
(1) <u>私は</u> 〈どうするの〉 <u>泳ぐの</u>
   　I　　　　　　　　　　swim

(2) 私は泳ぐことができる。
(2) <u>私は</u><u>できる</u> 〈何ができる〉 <u>泳ぐことが</u>
   　I　　can　　　　　　　　　　　swim

助動詞だけでは文の意味がはっきりわかりません。つまり、助動詞は動詞の助けをしていると考えれば、よくわかると思います。

このことから、can（〜できる）が助動詞であるということがわかります。

長沢式　助動詞の覚え方

次の助動詞は2つの意味を、くっつけて一気に読むと覚えやすいと思います。

- □ **must**　〜しなければならない、にちがいない
- □ **will**　〜するつもり、でしょう
- □ **may**　〜してもよい、かもしれない
- □ **can't**　〜することができない、はずがない

助動詞には、①<u>自分がこうしようと思って決めるときに使う助動詞</u>と、
②<u>その結果として、生じる可能性を表す</u>2つのタイプの意味があります。
それぞれの意味は、次のように覚えておくとよいでしょう。

まずは must：「私は毎日勉強**しなければならない**」と思っている人は、いそがしい**にちがいない**。次に will：「勉強**するつもりです**」といっている人は、いそがしい**でしょう**。最後に may：「勉強**してもよい**」といっている人は、いそがしい**かもしれない**。

🔊**発音**　must［マストゥ］　　will［ウィォ］

中学ではこう習う

◆自分のやる気を表す助動詞◆

□私は勉強しなければならない。　　□私は勉強してもよい。
　I **must** study.　　　　　　　　　 I **may** study.
□私は勉強するつもりです。　　　　□私は勉強することができない。
　I **will** study.　　　　　　　　　 I **can't** study.

◆可能性を表す助動詞◆

□トニー君はいそがしいにちがいない。　Tony **must be** busy.
□トニー君はいそがしいでしょう。　　　Tony **will be** busy.
□トニー君はいそがしいかもしれない。　Tony **may be** busy.
□トニー君はいそがしいはずがない。　　Tony **can't be** busy.

Link 助動詞の疑問文・否定文　→　P.40

確認問題

（　）に適当な単語を入れて、日本語と同じ意味を表すようにしてください。

(1) 私は走らなければならない。
　　I (　　　　) run.
(2) 彼は幸せにちがいない。
　　He (　　　　) be happy.
(3) 私は走るつもりです。
　　I (　　　　) run.
(4) 私の父は泳ぐことができる。
　　My father (　　　　) swim.
(5) 彼は泳いでもよい。
　　He (　　　　) swim.

解答　(1) must　(2) must　(3) will　(4) can　(5) may

6 「ていねいさ」を表す助動詞の過去形

◆相手に何かを頼むときに使われる表現◆

(a) 窓を開けてもらえますか。

- **Can you** open the window?
- **Will you** open the window?
  助動詞

(b) 窓を開けていただけますか。

- **Could you** open the window? 〈ていねい〉
- **Would you** open the window? 〈ていねい〉

◆相手に許可を得たいときの表現◆

□私が窓を開けてもかまいませんか。

May I open the window?

□私が窓を開けてもいいですか。

Can I open the window?

◆相手の代わりに「何かをしましょうか」とたずねるときの表現◆

□私が窓を開けましょうか。

Shall I open the window?

ここがおもしろい

can と will の過去形が **could**[クッドゥ]と **would**[ウッドゥ]です。

(1) 窓を開けてもらえますか。
(2) 窓を開けていただけますか。

この2つの日本語を比べると、ていねいな言い方の(2)の日本語に「た」という言葉があるのに気がつきます。「た」という日本語は普通、過去のことを表すときに使われるのですが、ていねいに相手に物を頼むときにも使われます。

英語でも日本語と同じように考えることができます。

(1)のような言い方の場合には will と can のように現在形を使い、(2)のようにていねいな言い方の場合には、would と could のように過去形を使うのです。

ここが知りたい

質問▶▶　Can you 〜？と Will you 〜？の使い分けはどのようになるのですか。

答え▶▶　どちらかというと Will you 〜？の方は、先生が生徒に「〜してくれる？」のように使われることが多いようです。
　一方、Can you 〜？は親しい人に対して物を頼むときに使えます。

　また、相手にていねいに物を頼みたいときは、Could you 〜？か Would you 〜？を使ってください。

　「〜してもいいですか」「〜してもかまいませんか」のようにていねいに許可を得たいときは May I 〜？を使います。
　「〜してもいい？」のように許可を得たいときは Can I 〜？を使ってください。

Link　助動詞の疑問文・否定文 ➡ P.40

確認問題

次の（　）に適当な単語を入れてください。
(1) 窓を開けてもらえますか。〔2通りの文に〕
　（　　　　）you open the window?
(2) 窓を開けていただけますか。〔2通りの文に〕
　（　　　　）you open the window?
(3) 私が窓を開けてもかまいませんか。
　（　　　　）I open the window?
(4) 私が窓を開けましょうか。
　（　　　　）I open the window?

解答　(1) Can と Will　(2) Could と Would　(3) May　(4) Shall

7 助動詞が2つ続くときは書きかえる

　助動詞は英文の中に1つしか使うことができません。ところがどうしても助動詞を2つ重ねて使いたいときがあるのです。そのようなときに助動詞の代わりに使える動詞表現があると便利なのです。

これだけは覚えましょう

□私は走ら**なければならない**。
　　I **must** run.　=　I **have to** run.
□私は走る**つもりです**。
　　I **will** run.　=　I **am going to** run.
□私は走る**ことができる**。
　　I **can** run.　=　I **am able to** run.

ここが知りたい

質問▶▶　どのようなときに、助動詞の意味を表す動詞表現があると便利なのですか。
答え▶▶　よい質問ですね。たとえば、次のようなときは、とても便利です。
　　　Tony must run. (トニー君は走らなければならない)
　この英文を未来のことを表す英文に書きかえたいとき、未来のことを表す will (〜でしょう) を Tony の次に置かなければならないのです。すると、Tony will must run. となります。
　ところが、英語では助動詞を2つ重ねてはいけないというルールがあるので、will must を避けるために、must = have [has] to を使って**助動詞＋助動詞から、助動詞＋動詞にして**正しい英語にするわけです。
　　Tony will have to run. (トニー君は走らなければならないでしょう)

　もう1つ例をあげます。過去のことを表す英文に書きかえたいとき、must に過去の意味がないので、has to の has を had にすることで、過去のことを表す英文にすることができるのです。
　　Tony had to run. (トニー君は走らなければならなかった)

ここが大切

英語では、肯定文（普通の文）では、意味が同じであっても、**否定文にすると意味が違ってくる**ことがあります。次の例をみてください。

   You must study.　=　You have to study.
   （あなたは勉強しなければならない）　　（あなたは勉強しなければならない）

このように肯定文は同じ意味になっていますが、否定文にすると意味が変わってしまいます。

   You must not study.　≠　**You don't have to study.**
   （あなたは勉強**してはいけない**）　　（あなたは勉強**する必要はない**）

このようになる理由は次のように考えるとよくわかります。

   You must　　　　　+　　not study　　　=勉強してはいけない
   あなたはしなければならない　　　　勉強しないように

   You don't have　　+　　to study　　　=勉強する必要はない
   あなたは持っていない　　　　　　勉強することを

確認問題

次の英語が同じ意味になるように、（　）に適当な単語を入れてください。

(1) Tony must run.
　　Tony (　　　) to run.
(2) I will run.
　　I am (　　　) to run.
(3) I can run.
　　I am (　　　) to run.
(4) Tony must run. の過去の文。
　　Tony (　　　) to run.

解答　(1) has　(2) going　(3) able　(4) had

8 ing のつけ方

動詞(〜する)に **〜 ing** をつけると**〜している**という意味の単語に変わります。ここでは、動詞に ing をつけるときの注意点について勉強したいと思います。

これだけは覚えましょう

(1) **最後の文字の前に「ア、イ、ウ、エ、オ」の音が1つだけある単語は、最後の文字を重ねてから** ing をつけます。
- □ **rún**［ゥランヌ］ ➡ **rúnning**［ゥラニン・］
- □ **swím**［スウィム］ ➡ **swímming**［スウィミン・］
- □ **stóp**［スタップ］ ➡ **stópping**［スタッピン・］

ひとつだけ注意をしていただきたいことは、必ずアクセント(一番強く発音するところ)がア、イ、ウ、エ、オの上にあることです。
「レッスン」や「テニス」という単語なども、この法則に当てはまっています。

lésson ténnis
　エ　　　　エ

(2) **e で終わっている**単語は、**e を消してから** ing をつけます。
- □ **make**［メーィク］ ➡ **making**［メーィキン・］
- □ **write**［ゥラーィトゥ］ ➡ **writing**［ゥラーィティン・］

(3) **ie で終わっている単語**は **ie を y にしてから** ing をつけます。
- □ **die**［ダーィ］ ➡ **dying**［ダーィイン・］
- □ **lie**［ラーィ］ ➡ **lying**［ラーィイン・］

(4) (1)(2)(3)以外のときは **ing をつけるだけ**でよいのです。
- □ speak［スピーク］ ➡ speaking［スピーキン・］
- □ play［プレーィ］ ➡ playing［プレーィイン・］

ここが大切

ここにあげた ing 形はよくテストに出るものです。日本語については、次のページの現在進行形にあわせています。

- ☐ { run / **runn**ing　　走る / 走っている
- ☐ { swim / **swimm**ing　　泳ぐ / 泳いでいる
- ☐ { stop / **stopp**ing　　止まる / 止まりかけている
- ☐ { make / **mak**ing　　～を作る / ～を作っている
- ☐ { die / **dy**ing　　死ぬ / 死にかけている
- ☐ { lie / **ly**ing　　横たわる / 横たわっている

長沢式　ing のつけ方

◆１　１　２　ing の法則◆
いち　いち　にい

最後の文字の前に [ア、イ、ウ、エ、オ] が１つなら、最後の文字が２文字になります（最後の文字が重なります）。

swim ⇒ swimming　　stop ⇒ stopping
1　　　1 2　　　　　　1　　　1 2

確認問題

次の単語の ing 形を書いてください。

(1) swim　　　　　　(2) run
(3) read　　　　　　(4) make
(5) speak　　　　　　(6) hit
(7) write　　　　　　(8) stop
(9) rain　　　　　　(10) study
(11) die　　　　　　(12) stay

解答
(1) swimming　(2) running　(3) reading　(4) making
(5) speaking　(6) hitting　(7) writing　(8) stopping
(9) raining　(10) studying　(11) dying　(12) staying

2章　動詞と助動詞

9 進行形

「トニーさんは英語を教えている」という日本語はどのような意味だと思いますか。ある人は、「トニーさんが仕事として英語を教えている」と思い、またある人は、「トニーさんは今、英語を教えているところです」のように、人によって少し違った意味に取る可能性があります。

英語では、過去にしていて、今もしていて、未来もしていると思われることである場合には、**現在形**を使って表すことができます。

つまり、「トニーさんは英語を教えています」は現在形で表すことができるということです。

それに対して、「トニーさんは今、英語を教えているところです」という意味の「トニーさんは(今)英語を教えています」であれば、**現在進行形(今〜しているところです)** というパターンを使って英語にしなければならないのです。

▶トニーさんは英語を教えています。
  □ Tony teaches English.
         現在形

▶トニーさんは(今)英語を教えています。
  □ **Tony is teaching English.**
          現在進行形

ここが知りたい

質問▶▶ 「今〜しているところです」という意味の場合、今(now)という単語を最後に付け加える必要はないのですか。

答え▶▶ とてもよい質問ですね。now をつけると今であることをとても強くいうことになります。現在進行形の文であれば、now はつけなくても、「今〜しているところです」を表せるのです。

質問▶▶ 現在進行形があるということは、過去進行形もあるということですか。

答え▶▶ すごいですね。その通りです。

中学ではこう習う

〈be 動詞＋動詞の ing 形〉で進行形(～しているところです)を表す英文を作ることができます。

◆現在のことを表したい場合 ― is〔am, are〕＋動詞の ing 形◆
☐ I am studying.（私は勉強しています）

◆過去のことを表したい場合 ― was〔were〕＋動詞の ing 形◆
☐ **I was studying.**（私は勉強していました）

これだけは覚えましょう

動詞の中には進行形にできない動詞もあります。
動詞は一般的に動作を表します。この「動作を表す動詞」に ing をつけると、状態を表すことができます。

run（走る） ⇒ running（走っている）　☐ **a running dog**（走っているイヌ）
動作　　　　　　状態

ところが、はじめから状態を表す動詞もあります。このような動詞には ing をつけることができません。進行形にできないのです。

☐ **see**（～が見える）　☐ **know**（～を知っている）　☐ **have**（～を持っている）
　　状態　　　　　　　　　　　状態　　　　　　　　　　　　　状態

確認問題

次の英文を進行形にしてください。時制に注意しましょう。
(1) I swim.
(2) I studied.
(3) We played.
(4) Tony runs.

解答 (1) I am swimming. (2) I was studying. (3) We were playing.
(4) Tony is running.

動詞の ed のつけ方

コミュニケーションのための
㊙㊗㊚英語

(1) help [ヘォプ] ― help**ed** [ヘォプトゥ]
　　普通に ed をつけるだけでよい。

(2) stop [スタップ] ― stop**ped** [スタップトゥ]
　　最後の文字の前に「ア、イ、ウ、エ、オ」の音が1つしかないときには、最後の文字を重ねて ed をつける。

(3) study [スタディ] ― stud**ied** [スタディドゥ]
　　最後の文字が y で終わるときには、y を i に変えて ed をつける。
　　※例外として play や stay には ed をつけるだけ。

(4) live [リヴ] ― live**d** [リヴドゥ]
　　最後の文字が e で終わるときは、d だけをつける。

イキイキとした進行形

コミュニケーションのための
㊙㊗㊚英語

　英語は、同じ文のパターンであっても、主語をちょっと変えると、イキイキした表現になることがあります。

{ The telephone is ringing.（電話が鳴っていますよ）
{ My ears are ringing.（耳鳴りがするんですよ）

{ I am running.（私は走っています）
{ My nose is running.（はなが出てくるんですよ）

{ I am swimming.（私は泳いでいます）
{ My head is swimming.（頭がくらくらするんですよ）

　㊥㊜　telephone [テリフォーゥンヌ]　ringing [ゥリンギン・]　nose [ノーゥズ]

3章　形容詞と副詞

　ここでは、「形容詞」と「副詞」の使い方について勉強します。形容詞には名詞をくわしく説明したいときに使う用法と主語の状態をくわしくのべる用法があります。
　また、文中のある単語がなくても残りの英語だけで意味がわかるとき、文中のある単語の働きを副詞の働きといいます。副詞とはおまけのような存在なのです。

1　数や量を表す形容詞①
　　—— some と many と any
2　数や量を表す形容詞②
　　—— a little と little は気分次第
3　ほとんど同じ意味を表す形容詞
4　割合を示す副詞は not の位置に
5　副詞は「おまけ」言葉

- 「そうじをあまりしない妻が…」
- some と any の使い方

1 数や量を表す形容詞①
—— some と many と any

英語では、名詞の前に形容詞を使って、名詞の数や量を表します。
　名詞には、**数えられる名詞と数えられない名詞があるので**、その名詞によって、どの形容詞を使うかが変わってくるのです。

これだけは覚えましょう

◆肯定文で使う数や量を表す形容詞◆

▶ 数えられる名詞　　　　　　　　▶ 数えられない名詞

- □ **a lot of** books　　　　　　　□ **a lot of** money
  （たくさんの数の本）　　　　　　（たくさんの量のお金）
- □ **some** books　　　　　　　　□ **some** money
  （数冊の本）　　　　　　　　　　（いくらかの量のお金）

◆疑問文や否定文で使う数や量を表す形容詞◆

- □ **many** books　　　　　　　　□ **much** money
  （たくさんの数の本）　　　　　　（たくさんの量のお金）
- □ **any** books　　　　　　　　　□ **any** money
  （数冊の本）　　　　　　　　　　（いくらかの量のお金）
- □ **not 〜 any** books　　　　　　□ **not 〜 any** money
  （少しも本がない）　　　　　　　（少しもお金がない）

【発音】　a lot of〔アラッタヴ〕　money〔マニィ〕　some〔サム〕　any〔エニィ〕

- □ I have **a lot of** books.　　　　　（私は**たくさんの**本を持っています）
- □ I have **some** books.　　　　　　（私は**数冊の**本を持っています）
- □ Do you have **many** books?　　　（あなたは**たくさん**本を持っています**か**）
- □ Do you have **any** books?　　　　（あなたは本を**数冊**持っています**か**）
- □ I do**n't** have **any** books.　　　　（私は本を**少しも**持って**いません**）
- □ I have **a lot of** money.　　　　　（私は**たくさん**のお金を持っています）
- □ I have **some** money.　　　　　　（私はお金を**いくらか**持っています）
- □ Do you have **much** money?　　　（あなたは**たくさん**お金を持っています**か**）
- □ Do you have **any** money?　　　　（あなたはお金を**いくらか**持っています**か**）
- □ I do**n't** have **any** money.　　　　（私はお金を**少しも**持って**いません**）

もっとくわしく

many books ＝ a lot of books 〈数〉
much money ＝ a lot of money 〈量〉
のように授業では習うことがあります。英検やテストでもこの書きかえはよく出題されます。

ただし、実際に会話で使うときには、特に肯定文（普通の文）では、much を使うと間違いであるという英米人が多いので、避けた方がよいと思います。また、many を肯定文で使うとぴったりなのは、書き言葉の場合です。

つまり、many と much は、とてもかたい言い方なので、話し言葉ではほとんど使われないということです。

力をつけよう

many や much と同じ意味を表す表現に次のようなものもあります。

☐ **a lot of**　☐ **lots of**　☐ **plenty of**

発音　lots〔ラッツ〕　plenty〔プレンティ〕

Link 数えられない名詞 ➡ P.30

確認問題

次の日本語と同じ意味になるように（　）に適当な単語を入れてください。

(1) あなたはお金をたくさん持っていますか。
　　Do you have (　　) money?
(2) あなたはたくさん本を持っていますか。
　　Do you have (　　) books?
(3) 私はたくさんのお金を持っています。
　　I have (　　) (　　) (　　) money.
(4) 私は少しも本を持っていません。
　　I don't have (　　) books.

解答　(1) much　(2) many　(3) a lot of　(4) any

2　数や量を表す形容詞②
── a little と little は気分次第

　英語では、よく似た意味を表す表現がたくさんあります。some とよく似た意味を表す表現に a few（少しの数の）と a little（少しの量の）という表現があります。
　これらの表現は、次の点において、some と意味が違います。some は、「いくつかの数〔量〕の」という意味の単語なので、だれでもがほとんど同じような感じ方をする表現なのですが、a few と a little は、人によって感じ方が違う表現なのです。
　この a few〔a little〕という表現は、同じ物を見ても、見る人が「**少しある**」と思ったら **a few〔a little〕**を使い、「**少ない〔ほとんどない〕**」と思ったら **few〔little〕**を使うというものなのです。
　たとえば、キャンディーが5個あるとします。キャンディーが大好きな人にとっては、5個では「少ない」と思うかもしれませんし、そうでない人にとっては「少しある」と感じるかもしれません。
　このように話し手がどのように感じるかによって、a few〔a little〕か few〔little〕のどちらかを使うのです。

　□私は**数人の**友だちがいます。
　　I have some friends.
　□私は友だちが**少しいます**。
　　I have a few friends.
　□私は友だちが**少ない〔ほとんどいません〕**。
　　I have few friends.
　　　　　　　　　sを忘れずにつける

発音　few〔フュー〕　little〔リトー〕　friends〔フゥレンヅ〕

a few、few の覚え方

a があると「**a がある分だけある**」、a がないと「**a がない分だけない**」と覚えてください。little も同じです。

- □ a　few ＝**少しある**
  　ある　少し

- □ a　little ＝**少しある**
  　ある　少し

- □ a̶　few ＝少ない　⇒　**ほとんどない**
  　ない　少し

- □ a̶　little ＝少ない　⇒　**ほとんどない**
  　ない　少し

ここが大切

few と little の使い分けは、**数**を表しているときは **few**、**量**を表しているときは **little** を使います。

- □ I have a few friends. 〈数〉
  （私は友だちが少しいます）

- □ I have a little money. 〈量〉
  （私はお金が少しあります）

確認問題

次の日本文を英文にしてください。

(1) 私は少し本を持っています。

(2) 私は本をほとんど持っていません。

(3) 私は少しお金を持っています。

(4) 私はほとんどお金を持っていません。

解答
(1) I have a few books.
(2) I have few books.
(3) I have a little money.
(4) I have little money.

3 ほとんど同じ意味を表す形容詞

　英語の形容詞をしっかり身につけるためには、間違いやすい形容詞の使い方をまとめて覚えると、よく理解ができて、しかも忘れにくいのです。

これだけは覚えましょう

(1) □ **All the** student**s** here go to Osaka Station.
　　（ここにいるすべての学生は大阪駅に行きます）
(2) □ **Every** student here go**es** to Osaka Station.
　　（ここにいるどの学生も大阪駅へ行きます）
(3) □ **Each** student here go**es** to Osaka Station.
　　（ここにいるそれぞれの学生は大阪駅へ行きます）

　この3つの英文は、ほとんど同じ意味を表しています。英語の力をつけるのに一番よい方法は、ほとんど同じ意味の表現をまとめて覚えることです。ただし、理解してから覚えることが大切です。

解説したいと思います。
(1) All the students と students の前に the がついているのは、どこにいるすべての学生かがわかっているからです。
　「すべての学生」となっているので、go としなければなりません。
(2) every student（どの学生も）と(3)の each student（それぞれの学生は）はどちらも1人ひとりの学生について触れているので goes のように go に es がついているのです。もちろん、student にも s はつきません。
　　つまり、**all the students** が、**全体をひとまとめ**にして考えているのに対して、**every student** と **each student** は、**1人ひとり**がどうするのかについて触れているので、1人の場合と同じように go は goes としますが、結局**すべての学生という意味と同じ**意味で使うことができるのです。

ここを間違える

□ 私のすべての本＝すべての私の本
- ○ all my books
- (× my all books)

日本語では順序が変わってもだいじょうぶですが、英語では順序は決まっています。
all の使い方に注意しましょう。

もっとくわしく

左ページ(1)の all のあとの the のあるなしで、文の意味が変わってきます。
▶ all books － すべての本
  □ **I like all books.** (私は**すべての本**が好きです)
▶ all the books － (どこにあるかがわかっている)すべての本
  □ **I like all the books here.** (私は**ここにあるすべての本**が好きです)

確認問題

次の日本文を英文にしてください。
(1) （ここにいる）すべての少年たちはトニー君を知っています。

(2) どの少年もトニー君を知っています。

(3) それぞれの少年はトニー君を知っています。

解答
(1) All the boys (here) know Tony.
(2) Every boy knows Tony.
(3) Each boy knows Tony.

4 割合を示す副詞は not の位置に

あなたが勉強を 10 日間にどれぐらいの割合でするか大体のことをいうときに便利な副詞があります。
次のようなものです。

- ▶ **always** ➡ 10 日の内の **10 日**勉強
- ▶ **usually** ➡ 10 日の内の **8 日から 9 日**勉強
- ▶ **often** ➡ 10 日の内の **5 日から 7 日**勉強
- ▶ **sometimes** ➡ 10 日の内の **3 日から 4 日**勉強
- ▶ **seldom** ➡ 10 日の内の **1 日から 2 日**勉強
- ▶ **never** ➡ 10 日の内の **1 日も勉強しない**

☐ I **always** study. (私は**いつも**勉強します)
☐ I **usually** study. (私は**たいてい**勉強します)
☐ I **often** study. (私は**しばしば**勉強します)
☐ I **sometimes** study. (私は**時々**勉強します)
☐ I **seldom** study. (私は**めったに**勉強しません)
☐ I **never** study. (私は**決して**勉強しません)
ここで紹介している副詞は、**not を入れる位置**に置きます。

ここが知りたい

質問▶▶　not を入れる位置はどうすればわかるのですか。
答え▶▶　たとえば、I am busy. という文があるとします。
　I ＿＿ am (私はです) と I ＿＿ busy (私はいそがしい) だとどちらがよく意味がわかりますか。I ＿＿ busy の方がよく意味がわかりますね。
　つまり、busy の前に not が入るので、その位置に always を入れればよいことがわかります。
　次に、I will study. という文について考えてみましょう。
　I ＿＿ will (私はつもりです) と I ＿＿ study (私は勉強する) だと
　I ＿＿ study の方がよくわかることから、上と同様に study の前に always を置けばよいことがわかります。

Link　否定文と疑問文の作り方　➡　P.40

中学ではこう習う

always(いつも)、usually(たいてい)のような**頻度を表す副詞**は、**動詞の前か、助動詞のあと、be 動詞(is, am, are)のあと**に置きます。

☐ I **always** play the piano.
（私はいつもピアノをひきます）

☐ I **never** cry.
（私は決して泣きません）

☐ I will **usually** study.
（私はたいてい勉強するつもりです）

☐ I am **always** busy.
（私はいつもいそがしい）

発音 always〔オーオウェーィズ〕 usually〔ユージュアリィ〕 often〔オーフンヌ〕
sometimes〔サムターィムズ〕 seldom〔セオダム〕 never〔ネヴァ〕

確認問題

〔　〕の指示にしたがって、英文を書きかえてください。
(1) I play tennis.〔always を入れて〕

(2) I will play tennis.〔sometimes を入れて〕

(3) I am busy.〔always を入れて〕

(4) I run.〔never を入れて〕

(5) I wash the dishes.〔usually を入れて〕

発音 wash〔ワッシ〕 dish〔ディッシ〕

解答 (1) I always play tennis. (2) I will sometimes play tennis.
(3) I am always busy. (4) I never run.
(5) I usually wash the dishes.

3章 形容詞と副詞

5 副詞は「おまけ」言葉

副詞とは、簡単にいうと、**おまけ(付け加え)の働き**をしている言葉です。
英語では必ずいいたいことをまずいっておいて、あとから少しずついい忘れたことを付け加えていくという話し方をします。
たとえば、次のような日本文があるとします。
(1) 私の妻は昨日夕食を作った。
(2) 私はあなたのことがとても好きです。
これらの日本文を英文にしたいと思ったら、次のように、まず、いいたいことからいっていきます。
(1) 私の妻は夕食を作った〈いつ〉昨日
(2) 私はあなたのことが好きです〈どれぐらい〉とても
(1)の昨日と(2)のとてもがなくても意味がわかるので、これらはおまけ(付け加え)であることがわかります。つまり、(1)の昨日と(2)のとてもが副詞の働きをしているのです。

ここを間違える

◆「とても」を表す very と very much の使い分け◆
 very ＋形容詞〔副詞〕のように使うことが普通なのですが、このように書くとわかりにくいので、もう少し簡単に説明しておきます。
▶ この本は小さい。　➡　この本はとても小さい。
　　　　小さい　　　➡　　　とても小さい
　　　　small　　　　　　　 very small
このように、小さいでもとても小さいのどちらでも意味がよくわかるときは、**very ＋単語**のようにくっつけて使うことができます。

▶ 私はあなたのことがとても好きです。➡ 私はあなたのことが好きです＋とても。
このようにとてもが最後に残ったときは **very much** を使ってください。
 very much はとてもたくさんという意味なのですが、日本語のとてもという意味で使うことが多いのです。very much はとてもという副詞の働きをする単語の集まりなので、「私はあなたのことが好きです＋とても」のようにとてもを付け加えているのです。

ここを間違える

「これはとても小さい本です」という日本文を英文にするときに、次のようによく間違えます。

(× This is very small book.)

なぜでしょうか。「これは本です」という日本語を英語にするところから考えていきましょう。

This is a book.

　　本＝ a book
　　小さい本＝ a small book
　　とても小さい本＝ a very small book

このことから、**This is a very small book.** となることがわかります。a を入れるのを忘れることが多いので注意してください。

これだけは覚えましょう

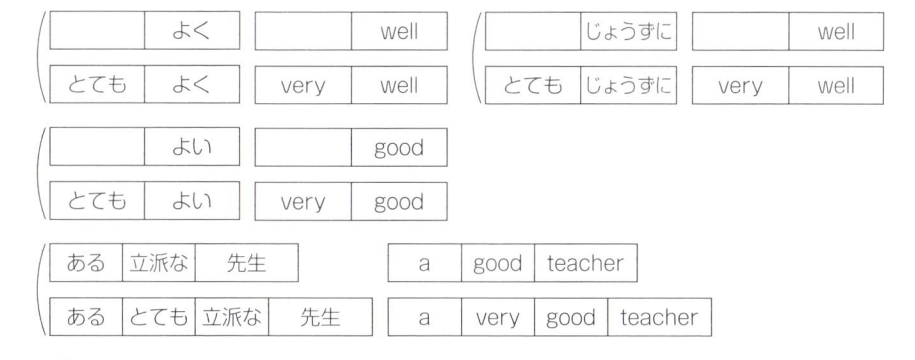

	よく		well
とても	よく	very	well

	じょうずに		well
とても	じょうずに	very	well

	よい		good
とても	よい	very	good

ある	立派な		先生	a	good		teacher
ある	とても	立派な	先生	a	very	good	teacher

確認問題

〔　〕の指示にしたがって、英文を書きかえてください。

(1) I like you.〔very much を入れて〕

_____

(2) I know you well.〔very を入れて〕

_____

解答　(1) I like you very much.　(2) I know you very well.

「そうじをあまりしない妻が…」

コミュニケーションのための便利な英語

My wife cleaned this room yesterday.
（私の妻は昨日この部屋をそうじした）

このようにいうのが一般的ですが、yesterday を強調するために、文のはじめに置くこともできます。

Yesterday my wife cleaned this room.

このようにすると、次のような意味になります。

「（私の妻はそうじをすることはあまりないのだが）昨日はこの部屋をそうじした」

some と any の使い方

コミュニケーションのための便利な英語

学校では「（否定文と）疑問文では any を使う」と習いますが、実際の会話では any の代わりに some を使う場合があります。

- ▶ Won't you have some tea?　　〈相手にものを勧める場合〉
  （お茶を飲みませんか）
- ▶ Do you have some money?　　〈Yes. の答えを期待する場合〉
  （お金を持っていますか）
- ▶ Can you lend me some money?　〈相手にものを頼む場合〉
  （お金を貸してくれませんか）

4章　いろいろな文

　ここでは3つの文のパターンを勉強します。1つめは「はい」「いいえ」で答えることができない疑問文を勉強します。「いつ」「どこで」などが入ったこのような疑問文のことを「疑問詞のついた疑問文」といいます。2つめは「命令文」です。相手に命令するときに使います。3つめは「なんと〜だろう」のように、びっくりしたときに使う「感嘆文」です。

1 疑問詞のついた疑問文①
2 疑問詞のついた疑問文②
3 疑問詞が主語になる疑問文
4 主語がないのが命令文
5 感嘆文は名詞の有無で使い分け

- 「閉めなさい！」と「閉めてよ」
- 「へえ〜」を表す感嘆文

1 疑問詞のついた疑問文①

　疑問文には、2つのパターンがあります。
(1)　Yes.(はい)や No.(いいえ)で答えることができる疑問文
(2)　Yes.(はい)や No.(いいえ)で答えることができない疑問文
　ここでは、Yes.(はい)や No.(いいえ)で答えることができない疑問文について勉強したいと思います。

　たとえば、「あの鳥は何ですか」という日本語を英語に直したいと思います。まず、Yes.(はい)や No.(いいえ)で答えることができるかを考えます。この文の場合、Yes.(はい)や No.(いいえ)で答えることができないことがわかります。このような文の場合には必ず、**特にたずねたい言葉**があるのです。探してみてください。わかりましたか。
　「あの鳥は何ですか」の「何ですか」という言葉が一番たずねたい言葉です。英語ではこのような一番たずねたい大切な言葉を**文の最初に**置くのです。
　そして、次に疑問文をくっつけるのです。
　〈何ですか＋あの鳥は？〉このように考えて英語に直すと、文法的に正しい英語ができるのです。
　このことから次のようになります。

What is that bird?

　ところで、この英文の答えは次のように答えます。
「それはカラスです」**"It's a crow."** 英語では「あの鳥はカラスです」のあの鳥の部分をそれで置きかえていうのが一般的なのです。

発音　crow［クゥローゥ］

「あの少年の名前は何ですか」を英語で表したい場合は、〈何ですか＋あの少年の名前は〉と考えて、**What is that boy's name?** とすればよいのです。
　そして、答え方は「彼の名前はトニーです」**"His name is Tony."** のように答えると正しい英語になります。

これだけは覚えましょう

what [ワットゥ]	何、どんな	when [ウェンヌ]	いつ
where [ウェアァ]	どこで、どこに	why [ワーィ]	なぜ
who [フー]	だれが、だれを、だれに	whose [フーズ]	だれの、だれのもの
which [ウィッチ]	どちら、どちらの	how [ハーゥ]	どういうふうにして

※このような単語を、**疑問詞**と呼んでいます。

長沢式 ２１１２の法則（にいいちいちにい）

次のように順番を変えて、そのまま英語にしてください。

□ あの鳥 は 何ですか。
　　２　　　　　１
　What is　that bird?
　　１　　　　　２

□ あの少年の名前 は 何ですか。
　　　　２　　　　　　　１
　What is　that boy's name?
　　１　　　　　　２

□ この本 は だれのものですか。
　　　２　　　　　　１
　Whose is　this book?
　　１　　　　　２

ここを間違える

□ あなたはだれですか。　○ **Who are you?**　（× Who is you?）
　you ですから are になります。

確認問題

次の日本語と同じ意味になるように（　）に適当な単語を入れてください。

(1) あの少年はだれですか。　（　　　）is that boy?
(2) あなたのお名前は何ですか。　（　　　）is your name, please?
(3) この本はだれのものですか。　（　　　）is this book?
(4) これはだれの本ですか。　（　　　）book is this?
(5) トニー君はどこにいますか。　（　　　）is Tony?

解答 (1) Who (2) What (3) Whose (4) Whose (5) Where

2 疑問詞のついた疑問文②

(1) あなたはどこに住んでいますか。
(2) トニー君はどこに住んでいますか。

このような日本文を英語に直したいときは、まず動詞が日本文の中にあるかを調べてください。

(1)(2)の日本文の中には住んでいるという動詞があるので、疑問文を作るときには、do や does を使って疑問文を作ります。

それから、この2つの日本文は、Yes. や No. で答えることができないことから、**一番たずねたい言葉「どこに」に疑問文をくっつけて**

(1) どこに＋あなたは住んでいますか。
(2) どこに＋トニー君は住んでいますか。

のように疑問文を作ります。

- □(1) **Where do you live?**
- □(2) **Where does Tony live?**

◆過去を表す英文◆

この英文を過去を表す英文にしたいときは、**do と does を did に変える**だけで過去を表す英文になります。

- □(1) **Where did you live?**
- □(2) **Where did Tony live?**

◆未来を表す英文◆

この英文を未来のことを表す英文にしたいときは、**do と does を will に変える**だけで未来を表す英文ができます。

- □(1) **Where will you live?**
- □(2) **Where will Tony live?**

これだけは覚えましょう

動詞（一般動詞）の文を疑問文にしたいときは、次のような単語を使って疑問文を作ります。

do(does)（現在） ⇒ **did**（過去） ⇒ **will**（未来）

これだけは覚えましょう

日本文に動詞（一般動詞）がないときは次のように be 動詞を使って、現在、過去、未来を表してください。

〔現在を表す英文〕　〔過去を表す英文〕　〔未来を表す英文〕
☐ **Is** Tony busy?　☐ **Was** Tony busy?　☐ **Will** Tony be busy?
☐ **Are** you busy?　☐ **Were** you busy?　☐ **Will** you be busy?

ここまでの英文は、Yes. No. で答えることができる英文です。もし次のような日本文を英文にしたいときは、疑問詞を最初に置いてから、疑問文をくっつけるだけでよいのです。

(1) あなたはいついそがしいのですか。
(2) あなたは昨日のいついそがしかったのですか。
(3) あなたは明日のいついそがしいのですか。

☐(1) **When are you busy?**
☐(2) **When were you busy yesterday?**
☐(3) **When will you be busy tomorrow?**

確認問題

次の（　）に適当な単語を入れてください。
(1) あなたはどこに住んでいますか。
　　（　　　）（　　　）you live?
(2) トニー君はどこに住んでいますか。
　　（　　　）（　　　）Tony live?
(3) トニー君はいついそがしいですか。
　　（　　　）（　　　）Tony busy?
(4) トニー君は昨日のいついそがしかったですか。
　　（　　　）（　　　）Tony busy yesterday?
(5) トニー君は明日のいついそがしいですか。
　　（　　　）（　　　）Tony（　　　）busy tomorrow?

解答　(1) Where do　(2) Where does　(3) When is　(4) When was
　　　　(5) When will／be

3 疑問詞が主語になる疑問文

疑問詞のついた疑問文は、普通は「疑問詞＋疑問文？」のパターンになっています。

ところが、1つだけ例外があります。

次のように考えることができます。

▶トニー君はジュディーさんを好きです。
　Tony likes Judy.
　⬇
　☐ **Who** likes Judy?（だれがジュディーさんを好きですか）

このように、**主語の Tony を Who に変えるだけで**、疑問詞のついた疑問文にすることができます。疑問詞 who が主語になります。

ここが大切

疑問詞のついた疑問文であっても、疑問詞が主語になるパターン（この本では〈～がのパターン〉と呼びます）は、**肯定文（普通の文）と同じ並べ方**にするとよいのです。

ここを間違える

〈～がのパターン〉の疑問文で注意が必要なのは、現在のことを表しているとき、**動詞には必ず s(es)をつける**必要があることです。be 動詞がくる場合は is を疑問詞の次に置いてください。

☐だれがこの家に住んでいますか。
　Who lives in this house? － Tony does.（トニーさんです）
☐だれがこの部屋にいますか。
　Who is in this room?　　－ Tony is.（トニーさんです）

過去のことを表したい場合は、次のようになります。

☐だれがこの家に住んでいましたか。
　Who lived in this house?　－ Tony did.（トニーさんが住んでいました）
☐だれがこの部屋にいましたか。
　Who was in this room?　　－ Tony was.（トニーさんがいました）

これだけは覚えましょう

〈〜がのパターン〉では what や who がよく使われますが、次のようなパターンもあります。
how many students（何人の学生が）
この場合は、studentにsがついている（主語が複数）ので、**例外的に動詞のsのない形**やbe動詞の **are を使って**英文にします。

□何人の学生がこの部屋にいますか。
　How many students are (there) in this room?
　　　　　　　－ **There are two students.**（2人の学生がいます）
□何人の学生がこの家に住んでいますか。
　How many students live in this house?
　　　　　　　－ **Two students do.**（2人の学生が住んでいます）

力をつけよう

are が「〜がいます」を表しているとき、次の2種類の英文では、**There are** から始まる英文の方がよく使われます。

Two students are in this room.
□ **There are two students in this room.**（この部屋に2人の学生がいます）
この場合の there には意味がありません。

確認問題

次の日本語と同じ意味になるように（　）に適当な単語を入れてください。
(1) あなたはだれを好きですか。　　（　　　）do you like?
(2) だれがあなたを好きですか。　　（　　　）likes you?
(3) あなたはどこに住んでいますか。（　　　）do you live?
(4) だれがこの家に住んでいますか。（　　　）lives in this house?
(5) あなたは何を好きですか。　　　（　　　）do you like?
(6) 何がこの箱の中にありますか。　（　　　）is in this box?

解答　(1) Who　(2) Who　(3) Where　(4) Who　(5) What　(6) What

4 主語がないのが命令文

「勉強しなさいよ」　Study.
「静かにしなさいよ」　Be quiet.

　これらの文では英語でも日本語でも、相手に命令をするときは、主語をはぶいて**動詞から始めている**のに気がつきます。
　ここで、気をつけなければいけないのは、**動詞に s がついていない形（原形）を使わなければならない**ことです。命令文にかなり近い must（〜しなければならない）を使って次のように考えるとよくわかります。

これだけは覚えましょう

　　You must study.（あなたは勉強しなければならない）
　　　　　　原形
　　⬇
☐ **Study.**（勉強しなさい）
　　原形

　　You must be quiet.（あなたは静かにしなければならない）
　　　　　　　原形
　　⬇
☐ **Be** quiet.（静かにしなさい）
　　原形

　　You mustn't be quiet.（あなたは静かにしてはいけない）
　　　　　　　　原形
　　⬇
☐ **Don't be** quiet.（あなたは静かにしてはいけない）
　　　　原形

　　否定の命令文は **Don't** を文の初めに置きます。

◆ please をつけた命令文 ◆

　Be quiet.（静かにしなさい）
☐ **Please be quiet.**（静かにしてね）
☐ **Would you please be quiet?**（静かにしていただけますか）

　　命令文の前か最後に please をつけると、やわらかい言い方になります。
　ただし、年上の人にいう場合は Would you please 〜？などのていねいな言い方を使いましょう。

ここが大切

否定命令文を作るときは、元の文に動詞があるかないかを見分けてから〈**Don't**＋動詞〉で始めるか〈**Don't be**＋単語〉のパターンを使うかを決めなければなりません。

(1) やかましくするな。
　　You mustn't be noisy.（あなたはやかましくしてはいけない）
　　⬇
　☐ **Don't be noisy.**（やかましくするな）

(2) テレビを見るな。
　　You mustn't watch TV.（あなたはテレビを見てはいけない）
　　⬇
　☐ **Don't watch TV.**（テレビを見るな）

これだけは覚えましょう

命令文と同じように、「**～しましょう**」と相手を誘う文も決まり文句として覚えておきましょう。

☐ （みんなで）泳ぎましょう。
　Let's swim.
　　— **Yes, let's.**（はい、そうしましょう）
　　— **No, let's not.**（いいえ、よしましょう）

確認問題

次の日本語と同じ意味になるように（　）に適当な単語を入れてください。
(1) 泳ぎましょう。　（　　　） swim.
(2) 静かにしなさい。（　　　） quiet.
(3) ここで遊んではいけません。（　　　）（　　　） here.
(4) ドアを閉めてください。　Shut the door, （　　　）.

解答　(1) Let's　(2) Be　(3) Don't play　(4) please

5 感嘆文は名詞の有無で使い分け

あなたは、何かを見たときや聞いたときに、何かにびっくりしたり、感心したり、喜んだり、がっかりしたりして思わず、「かわいいね！」「大きいイヌだね！」のようにいうことがあると思います。

このような言い方を**感嘆文**と英語の文法では呼んでいます。

感嘆文には、２つの表現パターンがあります。

- □かわいいね！　　　**How pretty!**
- □大きいイヌだね！　**What a big dog!**

この場合の How や What は very（とても）と同じ意味を表しています。中学英語では、How pretty! を「なんとかわいいのだろう！」、What a big dog! を「なんと大きいイヌなんだろう！」と習うと思います。

感嘆文を作るコツは、ズバリ、あなたのいいたい表現の中に、名詞があるかないかで how を使うか what を使うかが決まってくるのです。

もし**名詞があれば what、なければ how** をあなたのいいたい感嘆文の**最初に置けばよいのです。**

ここが大切

「かわいいね！」や「大きいイヌだね！」には主語（〜は）の部分がありません。

もしこれらの英文に主語を入れたいのなら、次のように入れることができます。

▶ <u>How pretty</u>　＋　<u>このイヌは！</u>
　　かわいいね　　　　　　this dog

英語では、いつも主語があればその次に動詞があるはずなのにこのままでは動詞がありません。ですから、

　□ **How pretty this dog <u>is</u>!**

のように is をおぎないます。

▶ <u>What a big dog</u>　＋　<u>これは！</u>
　　大きいイヌだね　　　　　this

この文も同じように考えて is を最後に付け加えると完全な感嘆文にすることができます。

　□ **What a big dog this <u>is</u>!**

学校ではこう習う

学校では、「なんと〜なんだろう」「なんと〜でしょう」のような文を感嘆文として習います。最近では、〈主語＋動詞〉が後ろについた感嘆文を習うことはほとんどなくなりました。

◆ How ＋形容詞！◆
- **How pretty!**（なんてかわいいのだろう！）

◆ How ＋副詞！◆
- **How fast!**（なんて速いのだろう！）

◆ What ＋ a〔an〕＋形容詞＋名詞！◆
- **What a big dog!**（なんて大きいイヌなんだろう！）

もしイヌが２匹以上いるのなら、**What big dogs!** となります。なお、！を感嘆符といいます。

これだけは覚えましょう

次の４つの英文はほぼ同じ意味を表しています。
- **This is a very big dog.**
- **What a big dog this is!**
- **This dog is very big.**
- **How big this dog is!**

確認問題

次の（　）に how か what を入れて感嘆文にしてください。
(1) (　　) small!
(2) (　　) a small dog!
(3) (　　) pretty!
(4) (　　) a pretty cat!
(5) (　　) old!
(6) (　　) an old book!

解答 (1) How (2) What (3) How (4) What (5) How (6) What

「閉めなさい！」と「閉めてよ」

コミュニケーションのための**便利**な英語

英語では、同じ英文でも読み方によって意味が違ってきます。
　その窓を閉めなさい。
　　Shut the window!（↘）
　その窓を閉めてよ。
　　Shut the window.（↗）
「閉めなさい」と強く命令するときは、window の最後を下げて発音しますが、「閉めてよ」というときは、window の最後を軽く上げて発音します。
please を使う文でも同様です。
　　Please shut the window.（↘）（窓を閉めてください）
　　Shut the window, please.（↗）（窓を閉めてくださいますか）

「へえ～」を表す感嘆文

コミュニケーションのための**便利**な英語

How interesting! は「なんとおもしろいのだろう」という意味の感嘆文ですが、相手の話に驚いたときに、「へえ～」といいたい場合にも使えます。
次の表現もついでに覚えておきましょう。
　　How strange!（不思議な話ですね）
　　How exciting!（感動的な話ですね）
　　How wonderful!（すばらしい話ですね）

発音　interesting［イ**ン**タゥレスティン・］　strange［ストゥレーィンヂ］
　　　exciting［イク**サー**ィティン・］　wonderful［**ワ**ンダァフォー］

5章　前置詞

　「前置詞」とは、名詞の前に置く言葉と考えればわかりやすいと思います。日本語の「で」「に」「〜の中で」「〜の上に」のような言葉が前置詞なのです。英語では、in(〜の中で)という言葉を置くと、〈何の中で〉という疑問がうまれます。その疑問に答えて、in の次に the desk(その机)を置きます。この並べ方が「前置詞＋名詞」となっていることから、前置詞と呼んでいるのです。

1　自動詞と他動詞
2　前置詞①
　　　── アッという間の at・長い時間の in
3　前置詞② ── 似ている前置詞の使い分け
4　前置詞③ ── 熟語タイプと文法タイプ

　　●場所を表す前置詞のまとめ

1 自動詞と他動詞

動詞には、2つのタイプがあります。
たとえば、**teach**[ティーチ]という動詞の場合
(1) **〜を教える**
(2) **教える**
この2つの意味のどちらの意味で使うかによって、使い方が違ってくるのです。
たとえば、次のような日本文があるとします。
(1) 田中先生は英語を教えることができます。
　　田中先生はできる　＋　〜を教える　＋　英語
　　Mr.Tanaka can　　　　teach English.
(2) トニー君は英語で教えることができます。
　　トニー君はできる　＋　教える　＋　英語で
　　Tony can　　　　　teach　　　in English.

この2つの英文の意味の違いは次のようになります。(1)は「田中先生は英語を教えることができる」という意味です。すべて、英語で教えているかもしれませんし、日本語もまじえているかもわかりません。一方、(2)は「トニー君は英語で〔を使って〕教えることができる」という意味です。

このように、(2)の「英語で　教える」は「教える＋英語で」のようになることから、teach ＋ in English のようになります。

それに対して、(1)の「英語を教える」は teach English のように「英語」と「〜を教える」を、ぴったりくっつけて使わなければならないのです。

(2)のように**「教える」だけで使われる動詞を自動詞**といいます。

それに対して、(1)の**「英語を教える」のようにほかの単語といっしょに使う動詞を他動詞**と呼ぶのです。

teach のほかにも、自動詞と他動詞の意味を持つ単語は数多くあります。

- **eat** [イートゥ]　(1)　**〜を食べる**
　　　　　　　　　(2)　**食べる**
- **know** [ノーゥ]　(1)　**〜を知っている**
　　　　　　　　　(2)　**知っている**

もっとくわしく

自動詞はそれだけで意味がわかる動詞、他動詞は〈何を〉〈だれを〉などの疑問がうまれる動詞です。疑問の答えが目的語になります。

☐ **Judy swims.**（ジュディーさんは泳ぎます）〈自動詞〉

☐ **I play the guitar.**（私はギターをひきます）〈他動詞〉
　私は　ひく〈何を〉　ギターを

☐ **Tony likes apples.**（トニー君はリンゴを好きです）〈他動詞〉
　トニー君は　好き〈何を〉リンゴを

Link 第1文型・第2文型・第3文型　➡　P.176〜181

ここが大切

☐ **I can teach in English.**（私は英語で教えることができます）
「英語」の前に「〜で」という意味の単語がきています。
この単語を文法用語で、**前置詞**と呼びます。
「名詞の前に置いて使う言葉」と考えるとわかりやすいと思います。日本語の「で」「と」「に」に当たるものが前置詞と考えておくとわかりやすいでしょう。次のページから、さまざまな前置詞を学びます。

確認問題

(1) 次の（　）に適当な日本語を入れてください。
「教える」という意味で使うときのteachは①（　　　）ですが、「〜を教える」の意味で使うteachは②（　　　）です。簡単にいうと、〈何を〉という疑問がうまれていると③（　　　）で、うまれていないと④（　　　）なのです。

(2) 次の（　）に適当な単語を入れてください。
①私は教えています。　　I（　　　）.
②私は英語を教えています。I（　　　）（　　　）.
③私は英語で教えています。I（　　　）（　　　）（　　　）.

解答　(1) ①自動詞　②他動詞　③他動詞　④自動詞
　　　　(2) ① teach　② teach English　③ teach in English

2 前置詞① ── アッという間の at・長い時間の in

　前置詞という考え方は、日本語にはありませんが、それほどむずかしいものではありません。なぜかというと、使い方のルールが決まっているからです。

これだけは覚えましょう

◆時を表す前置詞◆
　「春に」「日曜日に」など、同じ「に」で表す場合でも、英語では「に」の次にくる名詞によって、違う前置詞を使います。
- □ **at** ─ **アッ**という間を表す。瞬間、短い時間、ひとつの行為をする時間（6時に、朝食のときになど）
- □ **in** ─ 長**い**時間。長い期間（春に、9月になど）、いろいろな行為をすることができる時間（午前中に、午後になど）
- □ **on** ─ **お**決まりの日（何月何日に、何曜日に、日曜日の朝などに）

◆場所を表す前置詞◆
- □ **at** ─ **アッ**という間に通り過ぎるようなせまい場所に。一地点
- □ **in** ─ 広**い**場所に。〜の中に
- □ **on** ─ 〜の上に、〜に接触して、通りなどに面して

ここが知りたい

質問▶▶　人によって感覚が違う場合はどうするのですか。
答え▶▶　するどい質問ですね。たとえば、ある場所を広いと思うと in で、せまいと思うと at のように人によって言い方が違うことがあります。
　たとえば、「東京に」という日本語を英語では in Tokyo といいますが、地図の上で考えると一地点なので、at Tokyo もありえます。
　ところが、実際には、「私は東京に住んでいる」は I live in Tokyo. といいます。なぜかというと、いろいろな市がいっぱい集まって、区になり、区がいっぱい集まって、東京になっているわけですから、どう考えても、この場合は in Tokyo がふさわしいのです。ただし、「私は東京駅に着いた」という意味で I arrived at Tokyo. と使うことはあります。

これだけは覚えましょう

時を表す前置詞の例です。
- **in** 1915（1915年に）
- **in** April（4月に）
- **in the** morning（午前中に）
- **in the** afternoon（午後に）
- **in the** evening（夕方に、夜に）

- **at** night（夜に）
- **at** six（6時に）
- **at** six **in the** morning（朝の6時に）

- **on** Sunday（日曜日に）
- **on** April (the) first（4月1日に）

もっとくわしく

東京に　　　　in Tokyo
□東京の上野に　**at** Ueno **in** Tokyo
地名が2つきているときは、**せまい方に at、広い方に in** をつけるのが普通です。

確認問題

次の（　）に適当な前置詞を入れて、日本語と同じ意味になるようにしてください。

(1) 午前中に　　（　　　）the morning
(2) 朝6時に　　（　　　）six（　　　）the morning
(3) 夕方に　　　（　　　）the evening
(4) 夜に　　　　（　　　）night
(5) 春に　　　　（　　　）spring
(6) 1920年に　　（　　　）1920
(7) 4月1日に　　（　　　）April (the) first
(8) 日曜日に　　（　　　）Sunday
(9) 日曜日の朝に（　　　）Sunday morning

解答 (1) in (2) at／in (3) in (4) at (5) in (6) in (7) on (8) on (9) on

5章 前置詞

3 前置詞② ── 似ている前置詞の使い分け

時を表す前置詞と場所を表す前置詞の基本を勉強しました。ここからは、もう少し深く勉強したいと思います。

◆ near と by の使い分け ◆
- **near** ― 〜の近くに
- **by** ― 〜のそばに

この2つの使い分けは次のように考えるとわかりやすいと思います。
　near Tokyo Tower（東京タワーは見えないけれど地理的に近いところに）
　by Tokyo Tower（東京タワーの見えるほど近いところに）
このように考えると、次のようなことがわかります。
　○ **near Tokyo**（地理的に東京に近いところに）
　（× by Tokyo　東京が見えるところというのはないので、不自然）

◆ その他の前置詞の使い分け ◆

- **on** ― **接触している**
  on the wall（壁の上に接触している）
  on the ceiling（天井に接触している）
- **above** ― **離れていて上に**
  above the clouds（雲の上に）
- **over** ― **真上に、おおいかぶさるように**
  over my head（私の頭上に）
  over the river（川の向こう岸へ）
- **along** ― **〜にそって**
  along the street（通りにそって）
- **across** ― **横切って**
  across the street（通りを横切って）
- **between** ― **2つのものの間に**
  between the trees（〈2本の〉木の間に）
- **among** ― **3つ以上のものの間に**
  among the trees（〈3本以上の〉木の間に）

これだけは覚えましょう

◆動詞＋前置詞◆
- **Look at** me.（私を見て）
- **Listen to** me.（私のいうことを聞いて）
- I am **looking for** my bag.（私は私のカバンをさがしています）
- I will **call on** Tony.（私はトニー君を訪問するつもりです）

◆ be 動詞＋形容詞＋前置詞◆
- I **am absent from** school.（私は学校を休んでいます）
- I **am good at** swimming.（私は泳ぐのが得意です）

◆前置詞＋名詞◆
- **at home**（家に）
- **on foot**（歩いて）
- **on time**（時間通りに）
- **in time**（間に合って）
- **by the way**（ところで）

発音　near [ニァァ]　by [バーィ]　on [アンヌ]　above [アバヴ]　over [オーゥヴァ]
among [アマン・]

確認問題

次の（　）に適当な単語を入れてください。
(1) 私は私のカバンをさがしています。
　　I am (　　　) (　　　) my bag.
(2) 私は英語が得意です。
　　I am (　　　) (　　　) English.
(3) 私は昨日学校を休みました。
　　I was (　　　) (　　　) school yesterday.
(4) あの鳥を見なさい。
　　(　　　) (　　　) that bird.

解答　(1) looking for　(2) good at　(3) absent from　(4) Look at

4 前置詞③ ── 熟語タイプと文法タイプ

前置詞の使い方には大きく分けて2つのタイプがあります。
文法のルールにしたがった「文法タイプ」と、そうでない「熟語タイプ」です。

ここを間違える

◆文法タイプ◆
- 私の車で　　**in my car**
- 私の自転車で　**on my bike**
- 最終バスで　　**on the last bus**

このタイプは、a や my や the や形容詞が前置詞の次にくるタイプです。車には普通 a や my や the などといっしょに使うのが文法的には正しいので、このように〔文法タイプ〕の前置詞を使います。

車に乗るときは、車の中に入るので、in を使います。自転車や、バスの場合は上に乗るというイメージなので、on を使っています。

◆熟語タイプ◆
- 車で　　　**by car**
- 自転車で　**by bike**
- バスで　　**by bus**
- **I go to school by bus.**（私はバスで学校へ行きます）

このタイプでは上のような文法のルールに反して、名詞の前には、a や the や形容詞を使うことはできません。文法的ではありませんが、熟語として覚えてしまってください。

ここが知りたい

質問▶▶　もっとほかにも似たような使い分けはあるのですか。
答え▶▶　あります。たとえば、「インクで書きなさい」「ペンで書きなさい」という日本語を英語に直したいときは、a をつけるときは with、つけないときは in を使います。**Write with a pen. Write in ink.** のようになります。

これだけは覚えましょう

(1)　**with** [ウィず]　(a)〜といっしょに　(b)〜を使って〔〜で〕　(c)〜をした
　　(a) **with Tony**（トニー君といっしょに）
　　(b) **with knife**（ナイフを使って＝ナイフで）
　　(c) **with black hair**（黒い髪をした）

(2)　**without** [ウィざーゥトゥ]　(a)〜なしで　(b)〜しないで
　　(a) **without water**（水なしで）
　　(b) **without studying**（勉強しないで）

(3)　**before** [ビフォー]　(a)〜する前に　(b)〜の前に
　　study before playing（遊ぶ前に勉強する）

(4)　**after** [エァフタァ]　(a)〜してから　(b)〜のあとに
　　play after studying（勉強してから遊ぶ）

(5)　**by** [バーィ]　(a)〜によって　(b)〜することによって　(c)そばに　(d)〜までに
　　(a) **by Tony**（トニー君によって）
　　(b) **by studying**（勉強することによって）
　　(c) **by my desk**（私の机のそばに）
　　(d) **by 10 in the morning**（朝10時までに）

(6)　**till** [ティオ]　〜まで
　　till 10 in the morning（朝10時まで）

ここを間違える

I play with Tony.（私はトニー君といっしょに遊ぶ）
　　　　 前置詞＋名詞

Tony and I play together.（トニー君と私はいっしょに遊ぶ）
　　　　　　　　　　いっしょに(副詞)

　「〜といっしょに」という場合は〈with＋名詞〉になり、「いっしょに」という場合は副詞(付け加え)の together を文末に入れます。

場所を表す前置詞のまとめ

コミュニケーションのための
便利な英語

〈on　above　over　up〉
(1)　on　　　何かにくっついている、上
(2)　above　 上の方（overよりもせまい）
(3)　over　　広がりをもった上の方
(4)　up　　　上の方（動きを感じさせる）

〈by と near〉
(1)　live by Tokyo Tower
　　 東京タワーのそばに住む（東京タワーが見える所）
(2)　live near Tokyo Tower
　　 東京タワーの近くに住む（東京タワーが見えない所）

〈under と down〉
(1)　under　下の方に
(2)　down　 下の方に（動きを感じさせる）

〈in　at　on〉
(1)　live in Tokyo　東京に：空間(平面と高さ)があるところに、という意味のときは in
(2)　live at No.49　49番地に：地図上の一地点を表すときは at
(3)　live on Aoyama Street　青山通りに(面して)：高さのない平面に接していると考えるときは on

(4)　sit on the chair　　イスに浅くすわる
(5)　sit in the chair　　イスに深くすわる
(6)　sit on the ground　 地面にすわる
(7)　sit in the grass　　しばふにすわる

6章　不定詞

　「不定詞」とは〈to ＋動詞(の原形)〉のことをさしています。この to はとても便利な単語で、１つの英文に動詞が２つ出てくるとき、２つめの動詞の前に to を入れることで、英文の中に動詞が１つしかないときと比べ、複雑な意味を表すことができるのです。〈to ＋動詞〉の前を日本語に訳して、どんな疑問がうまれるかによって to 以下の意味が違ってきます。

1　長沢式不定詞の３用法の見分け方
2　名詞的用法 ─ 不定詞が主語でも簡単
3　わかりやすい形容詞的用法の説明
4　副詞的用法の訳し方
5　不定詞の名詞的用法と動名詞の関係
6　It から始まる不定詞の文の存在理由
7　便利な表現 how to swim
8　不定詞をとる動詞と動名詞をとる動詞の見分け方

- take out は OK?
- ちょっと高度な不定詞と動名詞

1 長沢式不定詞の3用法の見分け方

英語には、**不定詞**という文法があります。

不定とは、定まらないという意味です。

たとえば、I がきたら am、You がきたら are、Tony なら is、We なら are のように、どの be 動詞がくるかが定められているのです。

ところが **to 不定詞**と呼ばれる to という単語がきたときだけは、**to be のように動詞の原形が必ずくる**のです。これは、is、am、are のうちから、どれか 1 つを選ぶ力がないので、いつでも使える be という動詞の原形を使っているわけです。このことから、どれを取るかが定まっていないので、to 不定詞と呼ぶのです。

この to 不定詞は、次の 3 つの使い方があります。

▶ **名詞的用法**
▶ **形容詞的用法**
▶ **副詞的用法**

これは〈to ＋動詞〉のところが、名詞の働きをしているか、形容詞の働きをしているか、副詞の働きをしているかによって呼び名が違うのです。なお、to の後ろは、動詞の原形なのですが、間違える人は少ないので、この本では動詞としています。ただし、be 動詞のときは be がくるので注意しましょう。

長沢式　to 不定詞の用法の見分け方

ここでは簡単に、それぞれの用法の見分け方を説明しておきます。

☐ **I   like   to swim.** 〈名詞的用法〉
　 私は好きです 〈何が〉 泳ぐことが

〈**何が**〉という疑問がうまれているので、**名詞の働き**をしているのです。

☐ **I have   a book   to read.** 〈形容詞的用法〉
　 私は持っている　1冊の本　〈どんな本〉 読むための

〈**どんな**〉という疑問がうまれているので、**形容詞の働き**をしているのです。

☐ **I am happy   to see you.** 〈副詞的用法〉
　 私はうれしい　〈なぜ〉　君に会えて

〈**なぜ**〉という疑問がうまれているので、**副詞の働き**をしているのです。

もっとくわしく

◆**名詞的用法**◆　意味：**〜すること**
〈何を〉や〈何が〉という疑問がうまれるとき

◆**形容詞的用法**◆　意味：**〜するための　〜すべき　〜することができる**
〈どんな〉や〈何のための〉という疑問がうまれるとき

◆**副詞的用法**◆　意味：**〜するために　〜して　〜とは**
〈何のために〉や〈なぜ〉などの疑問がうまれるとき

　副詞的用法では〈to＋動詞〉以外の英文で完全に意味がわかるとき、つまり、〈to＋動詞〉のところがなくても残りの英文だけで意味がわかるときは、〈to＋動詞〉の部分をおまけ、付け加えと考えます。

☐ **I am sorry　to hear that.**
　　私は残念です　〈なぜ〉　それを聞いて

☐ **I'll go to Tokyo　to see you.**
　　私は東京へ行くつもりです　〈何のために〉　君に会うために

確認問題

次の不定詞は名詞的用法、形容詞的用法、副詞的用法のうちどの用法でしょうか。（　）に用法を書いてください。

(1) I like to swim.　　　　　　　（　　　　）
(2) My dream is to be a pilot.　（　　　　）
(3) I am happy to see you.　　（　　　　）
(4) I am sad to hear the news.（　　　　）
(5) I'll go to Tokyo to see Tony.（　　　　）
(6) I have a book to read.　　　（　　　　）
(7) Give me something to eat.　（　　　　）

解答　(1) 名詞的用法　(2) 名詞的用法　(3) 副詞的用法　(4) 副詞的用法
　　　　(5) 副詞的用法　(6) 形容詞的用法　(7) 形容詞的用法

6章　不定詞

2 名詞的用法 ── 不定詞が主語でも簡単

　英語では、意味のわかりにくいものを先に置くことで、疑問がうまれます。その疑問に答えることで正しい英文になるのです。
　たとえば、次の不定詞の名詞的用法で考えてみましょう。
(1) 「英語を話すこと」
　　<u>こと</u>〈何をすること〉<u>話す</u>〈何を〉<u>英語を</u>
　　　to　　　　　　　　　speak　　　　English

(2) 「ピアノをじょうずにひくこと」
　　<u>こと</u>〈何をすること〉<u>ひく</u>〈何を〉<u>ピアノを</u>〈どのように〉<u>じょうずに</u>
　　　to　　　　　　　　　play　　　　the piano　　　　　　　　　well

このように考えて英語に直していきます。

次の文で考えてみましょう。
不定詞の名詞的用法は〈何を〉という疑問に答えていきます。
「私は泳ぐことが好きです」の場合
▶ <u>私は好きです</u>〈何が〉<u>泳ぐこと</u>
　　 I like

　　　　　　　　　　<u>こと</u>〈何をすること〉<u>泳ぐ</u>
　　　　　　　　　　　to　　　　　　　　　swim

このようになることから、**I like to swim.** となります。

それではもう１つ同じ考え方で英語に直してみましょう。
「先生になることは私の夢です」。今度は主語が長くなります。
▶ <u>先生になることは私の夢です。</u>
　⬇
　<u>こと</u>〈何をすること〉<u>なる</u>〈何に〉<u>先生に</u>
　　to　　　　　　　　　become　　　　a teacher

仮に、<u>先生になること</u>をAと置くと、「Aは私の夢です」となります。これを英語に直すと、A is my dream. となり、Aのところに先ほどの英語を入れると、次のような文になります。
▶ **To become a teacher is my dream.**
　　　先生になること

ここが大切

(1) ～することは　　(2) ～するのは　　(3) ～すると

名詞的用法は普通、(1)「～すること」という日本文があると、〈to＋動詞〉で表すことができますが、(2)や(3)の日本語であっても、同じように〈to＋動詞〉で表すことができます。

(1) 泳ぐことは楽しい。　　(2) 泳ぐのは楽しい。　　(3) 泳ぐと楽しい。
これらの日本語はすべて下の英語で表すことができます。
☐ **To swim is fun.**

これだけは覚えましょう

次の英文はどちらも同じ意味を表しています。
☐ **To become a teacher is my dream.**（先生になることは私の夢です）
☐ **My dream is to become a teacher.**（私の夢は先生になることです）

確認問題

次の（　）に適当な単語を入れてください。
(1) 私は泳ぐのが好きです。
　　I like (　　　) swim.
(2) 私の夢は先生になることです。
　　My dream is (　　　)(　　　) a teacher.
(3) 先生になることは私の夢です。
　　(　　　)(　　　) a teacher is my dream.

解答　(1) to　(2) to become　(3) To become

3 わかりやすい形容詞的用法の説明

不定詞の形容詞的用法は次のように考えるとよくわかります。
(1) 私は読む本が1冊ほしい。

　　私は本が1冊ほしい。　　　私はその本を読む。
　　I want a book.　　　　　　I read the book.
　　　　　　　　　　　　　　 toに　　　消す

Ⅰが2つあるので、2つめのⅠを to に変えます。
a book と the book が同じものなので、2つめの the book を消します。
すると、次のような英文ができます。
☐ **I want a book to read.**

このように、本がどのような本なのかを説明しているとき、**不定詞の形容詞的用法**だと考えることができるのです。

もう少し練習してみましょう。

(2) 私は住む家がほしい。

　　私は家がほしい。　　　　私はその家に住む。
　　I want a house.　　　　　I live in the house.
　　　　　　　　　　　　　　toに　　　　　消す

先ほどと同じように2つめのⅠを to にして、2つめの the house を消すと、次のような英文ができます。
☐ **I want a house to live in.**

最後にもう1つ練習してみます。

(3) 私は何か飲む物がほしい。

　　私は何かがほしい。　　　私はそれを飲む。
　　I want something.　　　　I drink it.
　　　　　　　　　　　　　　toに　　消す

2つめのⅠを to にして、something と it が同じものをさしているので、it を消します。
すると次のような英文ができます。
☐ **I want something to drink.**

これだけは覚えましょう

何か冷たい物　　something cold
　　＋　　　　　　　＋
何か飲む物　　　something to drink
　　⇩　　　　　　　⇩
何か冷たい飲み物　**something cold to drink**

ここが大切

something は疑問文と否定文では anything になります。

ただし、疑問文でも相手に Yes. を期待しているときや、相手に物を勧めているときは something のままでもだいじょうぶです。

力をつけよう

▶ **not ~ anything = nothing**
　私は何も飲む物がありません。
　☐ **I don't have anything to drink.**
　☐ **I have nothing to drink.**

▶ 次の名詞的用法の文と形容詞的用法の文は、同じ意味になります。
　☐ **I want to drink something.** 〈名詞的用法〉（私は何か飲みたい）
　☐ **I want something to drink.** 〈形容詞的用法〉（私は何か飲む物がほしい）

確認問題

次の（　）に適当な単語を入れてください。
(1) 私は何か飲みたい。
　I (　　　) (　　　) (　　　) something.
(2) 私は何か飲む物がほしい。
　I want (　　　) (　　　) (　　　).
(3) 私は読む本が1冊ほしい。
　I want a book (　　　) (　　　).

解答　(1) want to drink　(2) something to drink　(3) to read

4 副詞的用法の訳し方

不定詞の副詞的用法は次のように考えるとよくわかります。
(1)　私はあなたに会えてうれしい。
　　　私はうれしい。　　+　　私はあなたに会う。
　　　I am happy.　　　　　　I see you.
　　　　　　　　　　　　　　toに

2つめのI を to に変えると正しい英文になります。
□ **I am happy to see you.**

(2)　私はトニー君に会いに東京へ行くつもりです。
　　　私は東京へ行くつもりです。　+　私はトニー君に会う。
　　　　I'll go to Tokyo.　　　　　　　　I see Tony.
　　　　　　　　　　　　　　　　　　　　toに

2つめのI を to に変えると正しい英文になります。
□ **I'll go to Tokyo to see Tony.**
このように考えると、日本文を英文にすることができます。

次は英文を日本文にしてみましょう。
to の前の英文を日本語にすると、〈なぜ〉や〈何のため〉などの疑問がうまれます。その疑問に答えるだけで自然な日本語訳になるのです。

□(1)　**I'm happy　　to see you.**
　　　　私はうれしい　〈なぜ〉あなたに会えたので
　　　私はあなたに会えてうれしい。

□(2)　**I'll go to Tokyo　　　　to see Tony.**
　　　　私は東京へ行くつもりです　〈何のために〉　トニー君に会うために
　　　私はトニー君に会いに東京へ行くつもりです。

中学ではこう習う

副詞的用法の to 不定詞は、
(1) **理由**　　～なので
(2) **目的**　　～するために
(3) **根拠**　　～とは
(4) **結果**　　～まで、～した結果

を表すことができます。

☐(1) **I'm sorry　to hear that.**〈理由〉
　　　私は残念です　　それを聞いて

☐(2) **I'll go to America　to study English.**〈目的〉
　　　私はアメリカへ行くつもりです　英語を勉強するために

☐(3) **Tony must be wise　to pass the test.**〈根拠〉
　　　トニー君はかしこいにちがいない　そのテストに受かるとは

☐(4) **My father lived　to be ninety.**〈結果〉
　　　私の父は生きた　　90才まで

発音　wise［ワーィズ］　pass［ペァス］　lived［リヴドゥ］　ninety［ナーィンティ］

確認問題

次の（　）に適当な単語を入れてください。
(1) 私はあなたに会えてうれしい。
　　I'm (　　) (　　) (　　) you.
(2) 私はそのテストに受かってうれしい。
　　I'm (　　) (　　) pass the test.
(3) 私はあなたに会うためにここへ来ました。
　　I came here (　　) (　　) you.

解答　(1) happy to see　(2) happy to　(3) to see

5 不定詞の名詞的用法と動名詞の関係

動詞を名詞の働きをする言葉に変える方法が2つあります。

▶ 動詞 ➡ $\begin{cases} \text{to ＋動詞} \\ \text{動詞 ing} \end{cases}$ ＝名詞の働きをする言葉

例を1つあげます。

swim（泳ぐ） ➡ $\begin{cases} \textbf{to swim}（泳ぐこと） \\ \textbf{swimming}（泳ぐこと） \end{cases}$
　　動詞　　　　　　　　名詞の働きをする言葉

実際に英文の中で使うと次のようになります。
▶ 私は泳ぐことが好きです。
　☐ **I like to swim.**
　☐ **I like swimming.**

それでは、なぜ to swim や swimming が名詞の働きをする言葉として使われているのかを考えてみることにします。

I like $\begin{cases} \text{to swim.} \\ \text{swimming.} \end{cases}$
私は好きです〈何が〉　泳ぐことが

like のところで〈何が〉という疑問がうまれているので、次には必ず名詞の働きをする言葉がくるのです。

本当にそうなるのかを、別の例でも確かめてみましょう。
　「あなたの名前は何ですか」「トニーです」
　トニーという名前がきましたね。人の名前は名詞なので、〈何〉という疑問でたずねられると、名詞を使って答えるということがわかりました。
　このことから、**〈何が〉という疑問がうまれたら、その次にくる言葉は、名詞の働きをする言葉**であるということがわかります。

ここが大切

I like swimming.（私は泳ぐことが好きです）
　この swimming のように、swim（泳ぐ）という動詞に ing をつけて名詞の働きをする言葉に変えたものを**動名詞**と呼んでいます。

もっとくわしく

　「私は泳ぐことが好きです」という言い方には、もう1つ like の代わりに〈**be 動詞＋ fond of**〉を使う方法があります。
☐ **I am fond of** swimming.
　of が前置詞（名詞の前に置く言葉）なので、その後ろには名詞の働きをする動名詞の swimming がくるのです。
　なお、〈be 動詞＋ fond of〉の後ろには swimming の代わりに to swim を置くことはできません。to にも前置詞としての使い方があるので、of ＋ to のように前置詞が2つ重なるのをいやがって swimming だけを使うようになったと考えておけば中学英語ではよいと思います。

確認問題

次の日本文と同じ意味になるように適当な単語を入れてください。
(1) 私は走ることが好きです。
　① I like (　　　) (　　　).
　② I like (　　　).
　③ I am (　　　) of (　　　).
(2) トニー君は歌うことが好きです。
　① Tony likes (　　　).
　② Tony is (　　　) of (　　　).
　③ Tony likes (　　　) (　　　).

解答 (1) ① to run　② running　③ fond／running
(2) ① singing　② fond／singing　③ to sing

6 It から始まる不定詞の文の存在理由

英語では、is の左側と右側にくる単語の数を比べたとき、**is の右側に単語が多い方が自然な英語**であると考えられています。そのために、is の左側の単語が多いときには、次のように it を使って自然な英語にします。

☐ To swim fast is hard.
　　　3単語　　　　1単語

☐ It is hard to swim fast. 〈自然な英語〉
　1単語　　　　　4単語

この英文は次のように考えて作られています。

　それはむずかしい 〈それって何〉 速く泳ぐことは
　　It is hard　　　　　　　　　　to swim fast.

ただし、文法的には、To swim fast is hard. も間違いではありません。ようするに、It is hard to swim fast. の方がよく使われているということなのです。

なお、To swim fast is hard. を動名詞を使って次のように言いかえることもできます。

☐ Swimming fast is hard.

もっとくわしく

同じ意味を表している3つの英文は、どれも文法的には正しいのですが

(1) It is hard to swim fast.
(2) Swimming fast is hard.
(3) To swim fast is hard.

この順番によく使われます。To swim fast のように To から始まる英語は、ことわざなどではよく使われますが、日常会話などではあまり使われません。

力をつけよう

□ **It is hard for me to swim.**（私にとって泳ぐことはむずかしい）

中学英語では、左ページ(1)の It is から始まる英文は、to swim のような to 不定詞の前にだれにとってという言葉を入れた形で習います。

　　　　　to swim（泳ぐこと）
　　for me to swim（私にとって泳ぐこと）
　　　　<u>目的格</u>

特にこのパターンは英検などでよくでてくるのですが、このパターンの成り立ちを次のように覚えておくとわかりやすいでしょう。

　For me to swim is hard.
　　　⬇
　It is hard for me to swim.

もっとくわしく

◆ It is 〜 to ... でよく使う形容詞 ◆

□ **important**［インポータントゥ］（大切な）
□ **interesting**［インタゥレスティン・］（おもしろい）
□ **difficult**［ディフィカオトゥ］（むずかしい）　　□ **hard**［ハードゥ］（むずかしい）
□ **necessary**［ネセセゥリィ］（必要な）　　□ **easy**［イーズィ］（簡単な）

確認問題

次の（　）に適当な単語を入れて日本文と同じ意味にしてください。
(1) 英語を話すことは簡単です。
　① （　　　）（　　　　）English is easy.
　② （　　　　）English is easy.
　③ It （　　　）（　　　）（　　　）speak English.
(2) 私にとって泳ぐことは簡単です。
　It （　　）（　　）（　　）（　　）（　　）swim.

解答　(1) ① To speak　② Speaking　③ is easy to
　　　　(2) is easy for me to

7 便利な表現 how to swim

to 不定詞の名詞的用法でとても便利なパターンがあります。もっともよく出てくるのは **how to ~** です。たとえば次のようにして使います。

☐ <u>I know</u> <u>how to swim.</u>
　私は知っています〈何を〉　　泳ぎ方を

この how to swim が〈何を〉という疑問の次にきていることから、how to swim の to swim が名詞的用法の不定詞であることがわかります。それではどうしてこのような**疑問詞＋to＋動詞**のパターンができたのかを考えてみることにします。

英語では知りたいものを少しでも前に置くというのが一般的なルールなので、一番大切な意味を表している how（どのようにして）をまず置いてから to swim（泳ぐこと）を置いているのです。

この how to swim を「**泳ぎ方**」と訳している理由は

　<u>どのようにして</u>＋<u>泳ぐべきかということ</u>＝泳ぎ方
　　　　how　　　　　　　to swim

となるからです。

なお、この「泳ぎ方」を「泳ぐ方法」と訳しても、けっこうです。

これだけは覚えましょう

◆ where to swim（どこで泳ぐべきかということ）◆
　☐ **Please tell me where to swim.**
　　（私にどこで泳いだらよいか教えてください）
◆ when to swim（いつ泳ぐべきかということ）◆
　☐ **Please tell me when to swim.**
　　（私にいつ泳いだらよいか教えてください）
◆ what to do（何をすべきかということ）◆
　☐ **Please tell me what to do now.**
　　（私に、今、何をするべきか教えてください）

力をつけよう

「私は泳ぎ方を知っています」は次の3つの言い方があります。
- (a) **I know how to swim.**
- (b) **I know the way to swim.**
- (c) **I know the way of swimming.**

(a)の〈**how to 〜**〉と(b)の〈**the way to 〜**〉は同じ意味です。(c)については、「自動詞と他動詞」(83ページ)のところでふれましたが、他動詞と同じように、前置詞も先に置くことによって、疑問がうまれます。その疑問に答えると次のようになります。

<u>the way</u>　<u>of</u>　<u>swimming</u>＝泳ぐ方法
その方法　〈何の〉の〈何〉泳ぐこと

ほぼ同じ意味で「私は泳げます」という言い方もできます。
- (d) **I can swim.**
- (e) **I am able to swim.**

この5つの表現をひとまとめにして覚えておくと英語の表現が広がります。

確認問題

次の日本語と同じ意味になるように（　）に適当な単語を入れてください。

(1) 私は何をするべきかわかりません。
　I don't know (　　) (　　) do.
(2) 私は泳ぎ方がわかりません。
　I don't know (　　) (　　) swim.
(3) 私はどこで朝食をとればよいのかわかりません。
　I don't know (　　) (　　) eat breakfast.
(4) 私はいつ朝食をとればよいのかわかりません。
　I don't know (　　) (　　) eat breakfast.

解答　(1) what to　(2) how to　(3) where to　(4) when to

8 不定詞をとる動詞と動名詞をとる動詞の見分け方

「私は泳ぐのが好きです」を like を使って英語に直すと、

(1) I like to swim.
(2) I like swimming.

のように to swim と swimming がきます。この like という動詞は to swim と swimming のどちらのタイプでも正しい英語となるのですが、動詞によっては、どちらか一方しかとらないものもあるのです。

どちらをとるのかは次のようにすれば、大体見分けがつきます。

長沢式　動名詞をとるか不定詞をとるかの見分け方

(1) **まだしていないとき** ── **to ＋動詞**
(2) **もうすでにしていて、今もしているとき** ── **動詞の ing 形**

たとえば、「歩くのを終えましょう」はどちらがぴったりだと思いますか。「すでにしていることを終える」ということなので動詞の ing 形がぴったりであるということがわかります。

同じように考えて、次の日本語を英語にしてみましょう。

(a) 泳ぐのを楽しみましょう。
(b) 泳ぐのをやめましょう。
(c) 私は泳ぎたい。

この〈泳ぐの〉と〈泳ぎ〉の部分がまだしていないことか、それとも、もうすでにしていることなのかを考えると、次のようなことがわかります。

(a) 泳いだことで、楽しくなっている。
(b) すでに泳いでいるから、やめられる。
(c) まだ泳いでいないから、のぞむことができる。

このことから、(a)(b)は swimming に、(c)は to swim にすればよいことがわかります。

☐(a) **Let's enjoy swimming.**
☐(b) **Let's stop swimming.**
☐(c) **I want to swim.**

力をつけよう

- (1) **I stopped smoking.**（私はたばこを吸うのをやめた）
  ing がきていることから、「もうすでにしていることをやめる」となります。
- (2) **I stopped to smoke.**（私はたばこを吸うために立ち止まった）
  to がきていることから、まだしていないので、「立ち止まって、そしてたばこを吸う」➡「たばこを吸うために立ち止まる」と考えることができます。このことから、stop には、(1)「～をやめる」、(2)「立ち止まる」の2つの意味があることがわかります。

もっとくわしく

「必ずトニー君に出会いなさいよ」という文は次の(a)(b)の言い方で表せます。
- (a) **Remember to see Tony.**（トニー君に出会うのを覚えていなさいよ）
- (b) **Don't forget to see Tony.**（トニー君に出会うのを忘れないでね）

「トニー君に出会ったことを覚えていなさいよ」という文も次の(c)(d)の言い方で表せます。
- (c) **Remember seeing Tony.**（トニー君に出会ったことを覚えていてね）
- (d) **Don't forget seeing Tony.**（トニー君に出会ったことを忘れないでね）

これも左のページの考え方ですべて理解できます。
  (a)(b)はまだ出会っていない── to see
  (c)(d)はもうすでに出会っている── seeing

確認問題

次の動詞の次に〔 〕の中の動詞を適当な形にして（ ）に入れてください。1語とはかぎりません。
(1) Let's stop （　　　　　）.　〔swim〕
(2) I want （　　　　　）.　〔run〕
(3) I enjoyed （　　　　　）.　〔sing〕
(4) Let's finish （　　　　　）.　〔talk〕

解答 (1) swimming　(2) to run　(3) singing　(4) talking

take out は OK?

コミュニケーションのための
便利な英語

　海外でファーストフード店などに入ったとき、次の表現をしっかり覚えておくと便利です。
　　To drink here or to go?
　　（ここでお飲みになりますか。それともお持ち帰りになりますか）
　　To eat here or to go?
　　（ここでお食べになりますか。それともお持ち帰りになりますか）
　　To go please.
　　（持って帰ります）
　よく日本語で持ち帰ることを"take out"といいますが、英語ではそのようには使いません。

ちょっと高度な不定詞と動名詞

コミュニケーションのための
便利な英語

　tryという単語は、よく使われる動詞ですが、使い方を間違うと意味がまったく違ってしまうので注意が必要です。
▶ 試しに泳いでみなさいよ。
　　Try swimming.
▶ 泳ごうと努力してみたら。
　　Try to swim.
　swimmingの方は「泳げる」ことを前提に話しています。一方、to swimの方は「（未来に向かって）泳ごうと努力しなさい」と話しています。
　この2つの表現は、ハイレベルな中学英語です。次の例文もあわせて覚えておきましょう。
　　Let's try not to sleep in class.
　　（授業中に寝ないように努力しようよ）

7章　受動態

　「受動態」とは、またの名前を「受け身」といいます。
　柔道で、もしあなたが相手を投げると、相手は受け身をとります。これを日本語で表すと「私はあなたを投げる」です。
　逆にいうと「あなたは私によって投げられる」になります。このときに痛くないように受け身をするのです。このように相手の立場に立って考えるときの考え方が受動態なのです。

1　受動態は覚え「させられる」？
2　能動態と受動態の書きかえ練習
3　否定文と疑問文の作り方 ── 受動態
4　by のつかない受動態

　　● いろいろ使える be covered with
　　●「お金でできた」私

1 受動態は覚え「させられる」?

英語には受動態(受け身)という文法があります。
皆さんは英語の勉強を自分からやろうとしていますか。
もし、「テストがあるから」とか、「仕事で英語が必要だから」という理由で仕方なく勉強しているとしたら、それこそが、〈受け身の勉強〉なのです。何らかの事情であなたは無理やり英語の勉強をさせられているのです。
このように、**「～させられる」という考え方が受動態(受け身)**なのです。
そして、受動態の反対を能動態といいます。
もし、あなたが、自分から進んで英語を勉強しようとしていたら、あなたは英語の勉強に能動的に取り組んでいると考えることができるのです。

それでは、もう1つ例をあげておきます。
▶ 柔道で私はトニー君を投げた。〈能動態〉
▶ **トニー君は私に投げられた。**〈受動態(受け身)〉
投げられたトニー君は痛くないように受け身をするわけです。
それでは受動態を表すときに、どのようにすればよいかを説明します。

◆受動態の文の作り方◆
▶ トニーさんは英語を教えています。〈能動態〉
　Tony teaches English.
▶ **英語はトニーさんによって教えられています。**〈受動態〉
☐ **English is taught by Tony.**
このように、受動態の文を作りたいときは、
　　be 動詞＋過去分詞形＋ by ＋人
にすれば、受動態の文を作ることができます。過去分詞形については右の表にものせていますが、ほかにも出てくると思います。辞書などの動詞の変化表を見て、探してみてください。たとえば、**taught**[トートゥ]なら **teach**[ティーチ]（～を教える)**の過去分詞形**として、ちゃんとのっていると思います。

ここが知りたい

質問 ▶▶ 受動態ではなぜ、be 動詞がくるのですか。

答え ▶▶ よい質問ですね。

　動詞の過去分詞形は、形容詞の働きをしている言葉なので、文の中に動詞がなくなることから、〈be 動詞＋過去分詞形〉にすることで動詞の代わりをしていると考えられるのです。

　じつは、進行形が〈be 動詞＋動詞の ing 形〉になるのも、同じです。動詞の ing 形が形容詞の働きをしているので be 動詞を加えるのです。

◆動詞の変化表◆

	原形（～する）	過去分詞形（～される）
～を教える	teach ［ティーチ］	taught ［トートゥ］
～を食べる	eat ［イートゥ］	eaten ［イートゥンヌ］
～を作る	make ［メーィク］	made ［メーィドゥ］
～をつかまえる	catch ［キャッチ］	caught ［コートゥ］
～を壊す	break ［ブゥレーィク］	broken ［ブゥローゥクンヌ］
～を買う	buy ［バーィ］	bought ［ボートゥ］
～を話す	speak ［スピーク］	spoken ［スポーゥクンヌ］
～を売る	sell ［セォ］	sold ［ソーゥオドゥ］
～を知っている	know ［ノーゥ］	known ［ノーゥンヌ］
～をもってくる	bring ［ブゥリン・］	brought ［ブゥロートゥ］
～を取る	take ［テーィク］	taken ［テーィクンヌ］
～を歌う	sing ［スィン・］	sung ［サン・］
～を書く	write ［ゥラーィトゥ］	written ［ゥリトゥンヌ］

7章 受動態

2 能動態と受動態の書きかえ練習

実際に、能動態と同じ意味を表す受動態の書きかえ練習をしてみましょう。

☐(1)　He broke this door.（彼はこの戸を壊した）

This door (　　) (　　) by him.
（この戸は彼によって壊された）

☐(2)　He breaks this door.（彼はこの戸を壊す）

This door (　　) (　　) by him.
（この戸は彼によって壊される）

☐(3)　He will break this door.（彼はこの戸を壊すでしょう）

This door will (　　) (　　) by him.
（この戸は彼によって壊されるでしょう）

☐(4)　He can break this door.（彼はこの戸を壊すことができる）

This door can (　　) (　　) by him.
（この戸は彼によって壊されることができる）

◆2つめの（　）にbreakの過去分詞形を入れます。そして、前の（　）に、いつのことを表したいかを考えて適当なbe動詞を入れます。willやcanの次にはbeを入れてください。

(1)　This door (was) (broken) by him.
(2)　This door (is) (broken) by him.
(3)　This door will (be) (broken) by him.
(4)　This door can (be) (broken) by him.

ここが大切

by の次にくる人称代名詞は**目的格**(代名詞の変化表の最後に出てくる形)を使ってください。

主格	所有格	**目的格**
he	his	**him**

He broke this door.
This door was broken by <u>him</u>. (この戸は<u>彼に</u>よって壊された)

ここが知りたい

質問▶▶ なぜ、will や can の次にくる be 動詞は be なのですか。

答え▶▶ よい質問ですね。He is や I am や You are のように He、I、You などは be 動詞(is、am、are)のうちから1つの be 動詞を選ぶのですが、will や can は、どれか1つを選ぶ力を持っていないので、is、am、are の代わりにいつでも使える be を選んでいるのです。

英語では、must、may、to などの次にどうしても be 動詞を置く必要があるときは be を入れます。

確認問題

次の ( ) に適当な単語を入れて同じ意味の英語にしてください。

(1) Tony broke this door.
　　This door (　　) (　　) (　　) Tony.
(2) Tony breaks this door.
　　This door (　　) (　　) (　　) Tony.
(3) Tony will break this door.
　　This door (　　) (　　) (　　) (　　) Tony.

解答 (1) was broken by (2) is broken by (3) will be broken by

3 否定文と疑問文の作り方 ── 受動態

　テストでは、能動態を受動態にする問題がよく出題されます。特に、疑問文と否定文を受動態にする問題がややこしいので、よくねらわれます。
　次のように考えると、心配はいりません。
(1)　Tony didn't help Judy.
(2)　Did Tony help Judy?
　この２つの英文を受動態にしたいときは、まず肯定文（普通の文）にしてから、受動態にします。
　そして最後に、否定文や疑問文にすれば完成です。
(1)も(2)もどちらも同じ構文になります。

　　　Tony helped Judy.
　　　　　　　↓　　↓
　　　　　Judy (was) (helped) by Tony.

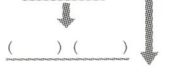

　この受動態を否定文にすると(1)の受動態、疑問文にすると(2)の受動態になります。**受動態の疑問文・否定文の作り方は be 動詞の入った文と同じ**です。
☐(1)　**Judy wasn't helped by Tony.**
☐(2)　**Was Judy helped by Tony?**

◆疑問詞のついた疑問文◆
　次は、疑問文の中で一番ややこしいと思われる文を受動態にしてみます。
☐ **What do you call this flower?**（あなたたちはこの花を何と呼びますか）
　　　　　　　　↓
　　　This flower (is) (called) by you.
　　　(Is) this flower (called) by you?
☐ **What (is) this flower (called) by you?**
　　　　　　　　（この花はあなたたちによって何と呼ばれていますか）

　このように考えると、簡単に受動態にすることができるのです。

ここが大切

☐ **What do you call this flower?**
(この花を何と呼びますか)

☐ **What is this flower called?**
(何とこの花は呼ばれますか)

本当は左ページのように What is this flower called by you? になるのですが、**by you は省略するのが一般的です。**

ここが知りたい

質問▶▶ by you のほかにも受動態で省略するものがあるのですか。
答え▶▶ 一般の人を表している
　　　☐ **by us** （私たちによって）
　　　☐ **by them** （彼らによって）
　　　はいわなくても意味がわかるので省略されます。

確認問題

次の（ ）に適当な単語を入れて上の文と同じ意味の英語にしてください。
(1) Tony didn't help Judy.
　　Judy (　　) (　　) (　　) Tony.
(2) Did Tony helped Judy?
　　(　　) Judy (　　) (　　) Tony?
(3) What do you call this flower?
　　What (　　) this flower (　　) ?

解答 (1) wasn't helped by (2) Was ／ helped by (3) is ／ called

4 by のつかない受動態

受動態は〈be 動詞＋過去分詞形＋by〉と習うために、いつも過去分詞形の次には by がくると思ってしまいがちですが、by が出てこない文もあります。

◆ by ～が省略されているパターン◆

☐(a) **Eggs are sold at that store.**
　　　たまごが売られています　　あの店では

☐(b) **English is spoken in Canada.**
　　　英語が話されています　　カナダでは

(a)と(b)の英文では、特に示す必要がないので **by them（彼らによって）**が省略されています。

　They sell eggs at that store.
　　　　↓
　( )( )↓
　　Eggs (are) (sold) at that store.

これだけは覚えましょう

次の文は「～によって」という意味がほとんどなく、**英語の決まり文句**のようになっています。このパターンも by がでてきません。

☐私は英語**に興味があります**。
　I'm interested in English.

☐私はそのニュース**で驚きました**。
　I was surprised at the news.

☐この箱はリンゴ**でいっぱいです**。
　This box is filled with apples.

☐あの丘は雪**でおおわれています**。
　That hill is covered with snow.

☐トニー君はみんな**に知られています**。
　Tony is known to everyone.

発音　surprised［サプゥラーイズドゥ］　　filled［フィオドゥ］　　covered［カヴァドゥ］
　　　known［ノーゥンヌ］

これだけは覚えましょう

日本語と英語では、まったく発想が違うものがあります。
このようなものについては、丸暗記するしか手はありません。

◆日本語では能動態なのに、英語では受動態になる場合◆
□トニー君は**けがをした**。　**Tony was hurt.**
　トニー君は**落雷で死んだ**。（落雷によって殺された）
Tony was killed by a thunderbolt.

◆熟語として覚えておいた方がよいもの◆
□私はこの自転車が**気に入っています**。
I'm pleased with this bike.

これだけは理解してから覚えましょう

(1) be made of と (2) be made from という表現があります。「～でできている」という意味の熟語です。この2つの表現は次のように考えて使い分けてください。

(1)　一目見て、**何からできているのかがわかる**ときは、**be made of**
□この机は木でできています。**This desk is made of wood.**

(2)　**何からできているのかがわからない**ときは、**be made from**
□このワインはブドウからできています。**This wine is made from grapes.**

確認問題

次の（　）に適当な前置詞を入れてください。
(1)　私は英語に興味があります。
　　I'm interested (　　　) English.
(2)　私はそのニュースで驚いた。
　　I was surprised (　　　) the news.
(3)　この歌はみんなに知られています。
　　This song is known (　　　) everyone.
(4)　この箱はリンゴでいっぱいです。
　　This box is filled (　　　) apples.

解答　(1) in　(2) at　(3) to　(4) with

7章 受動態

いろいろ使える be covered with

コミュニケーションのための
便利な英語

〈be covered with〉を「～でおおわれている」と習いますが、この表現はとても役に立ちます。
(1) このシャツは汗でびしょびしょです。
　　This shirt is covered with sweat.
(2) この本はほこりまみれです。
　　This book is covered with dust.
(3) この通りは氷が張っています。
　　This street is covered with ice.

🔊発音　shirt［シャ～トゥ］　sweat［スウェットゥ］　dust［ダストゥ］　street［スチュリートゥ］
　　　　ice［アーィス］

「お金でできた」私

コミュニケーションのための
便利な英語

受動態を使った表現で英語の一部を少し加えたり、変えたりするだけで、とてもおもしろい言い方になります。
(1) I was born in Tokyo.（私は東京に生まれました）
　　I wasn't born yesterday.（そんなことぐらいは知っているよ）
　これは、「（私は昨日うまれたわけではないのだから）それぐらいは知っているよ」という意味です。
(2) This desk is made of wood.（この机は木でできています）
　　I'm not made of money.（私は［人に貸すほどの］金持ちではありません）
　これは「私はお金でできていません」という意味から、「金持ちではありません」となったものです。

8章　比較

　英語では何かと何かを比べるときに使う「比較」という文法があります。
　「AはBより〜だ」を表す比較級、「Aは…の中で1番〜だ」を表す最上級、「AはBと同じぐらい〜だ」を表す表現があります。比較で大切なことは、1つの形容詞や副詞にerをつけて「…の方が〜」、estをつけて「1番〜」、as 〜 asで「…と同じぐらい〜」を表すことができるということです。

1　比較級は er がベター
2　最上級は est がベスト
3　as 〜 as の間は変化なし
4　書きかえられる比較表現①
5　書きかえられる比較表現②

　● 「もっと速く！」
　● 同じ人の比較

1 比較級は er がベター

人は、お互いに他人のことが気になるので、他人と比較をすることがよくあります。人だけではなく、物と物を比較することもあります。

このようなときに、便利なのが**比較級**という文法です。

これだけは覚えましょう

形容詞や副詞に er をつけると、新しい意味の単語を作り出すことができます。
- **背が高い　tall**　［トーオ］　　　　～の方が背が高い　**taller**　［トーラァ］
- **速く　　　fast**　［フェアストゥ］　～の方が速く　　　**faster**　［フェアスタァ］

この taller や faster という単語は **than** ［ザンヌ］（**～よりも**）という単語といっしょに使われることが多いのです。

- ▶ 私は背が高い。　　　　　　　I am tall.
  　私の方が背が高い。　　　　　I am taller.　　　　　　　　　〈比較級〉
  □ **私はトニー君よりも背が高い。　I am taller than Tony.**　〈比較級〉
- ▶ 私は速く走る。　　　　　　　I run fast.
  　私の方が速く走る。　　　　　I run faster.　　　　　　　　　〈比較級〉
  □ **私の方がトニー君よりも速く走る。I run faster than Tony.**〈比較級〉

ここが大切

形容詞や副詞に er をつけるときには注意が必要です。

(1) 最後の文字の前に、ア、イ、ウ、エ、オの音が１つだけあるときは最後の文字を重ねてから er をつけます。　　□ **big − bigger**　［ビガァ］
(2) y で終わっているときは y を i に変えてから er をつけます。
　　　□ **pretty − prettier**　［プゥリティア］
(3) 長い単語のときは er の代わりに more［モァ］を使います。
　　　□ **beautiful − more beautiful**　［モァ ビューティフォー］
(4) そのほかの単語は単語の最後に er をつけます。（e で終わる語には r のみ）
(5) very much（とても）と good（よい）と well（よく、じょうずに）は特別な変化をします。
　　　□ **very much ／ good ／ well − better**

これだけは覚えましょう

テストによく出るのは、長い単語といっしょに使う〈**more＋形容詞〔副詞〕**〉です。

◆ more をつける形容詞 ◆
- すばらしい **wonderful** 〔ワンダフォー〕
- むずかしい **difficult** 〔ディフィカォトゥ〕
- おもしろい **interesting** 〔インタゥレスティン・〕
- 有名な **famous** 〔フェーィマス〕
- 危険な **dangerous** 〔デーィンチャゥラス〕
- 便利な **convenient** 〔カンヴィーニエントゥ〕
- 注意深い **careful** 〔ケアフォー〕
- 役に立つ **useful** 〔ユースフォー〕

◆ more をつける副詞 ◆
- おそく **slowly** 〔スローゥリィ〕
- 注意深く **carefully** 〔ケアァフリィ〕

確認問題

次の英文が正しくなるように〔　〕内の語を適当な形にしてください。1語とはかぎりません。

(1) This tree is _____ than that one.〔tall〕
(2) That apple is _____ than this one.〔big〕
(3) This quiz is _____ than that one.〔difficult〕
(4) This dictionary is _____ than that one.〔useful〕
(5) I get up _____ than my father.〔early〕

解答 (1) taller　(2) bigger　(3) more difficult　(4) more useful　(5) earlier

2 最上級は est がベスト

　比較という文法の中には、2人〔2つ〕の間で比べる比較級と、たくさんの人〔物〕の中で比べる最上級があります。
　日本語でも次のような場合に最上級という言葉を使うことがあります。
　「あなたたち6年生は最上級生なので、下級生の見本になるようにしてください」。この場合の最上級生は<u>一番年上</u>という意味で使っています。
　このように**一番〜**を表したいときに、**最上級**という文法を使って英語に直すことができるのです。英語では形容詞や副詞に est をつけます。

□背が高い	**〜の方が背が高い**	**一番背が高い**
tall	**taller**	**the tallest**
□速く	**〜の方が速く**	**一番速く**
fast	**faster**	**(the) fastest**

□ **I am the tallest in our class.**
（私は私たちのクラスで一番背が高い）

ここが大切

　形容詞か副詞に est をつけるときに注意が必要です。
(1) 最後の文字の前にア、イ、ウ、エ、オの音が1つだけあるときは最後の文字を重ねてから est をつけます。
　　□ **big − biggest**
(2) y で終わっているときは y を i に変えてから est をつけます。
　　□ **pretty − prettiest**
(3) 長い単語のときは est の代わりに the most を使います。
　　□ **beautiful − the most beautiful**
(4) そのほかの単語は普通に単語の最後に est をつけます。(e で終わる語には st のみをつける)
(5) very much（とても）と good（よい）と well（よく、じょうずに）は特別な変化をします。
　　□ **very much ／ good ／ well − (the) best**

発音　tallest［トーリストゥ］　fastest［フェァスティストゥ］　biggest［ビギストゥ］
　　　prettiest［プゥリティイストゥ］　most［モーゥストゥ］

これだけは覚えましょう

◆ the most をつける形容詞 ◆

□すばらしい	**wonderful**	□むずかしい	**difficult**
□おもしろい	**interesting**	□有名な	**famous**
□危険な	**dangerous**	□便利な	**convenient**
□注意深い	**careful**	□役に立つ	**useful**

◆ (the) most をつける副詞 ◆

□おそく	**slowly**	□注意深く	**carefully**

ここが知りたい

質問 ▶▶ 最上級のときはいつも the をともなうのですか。

答え ▶▶ 形容詞の場合にはいつもともないます。ただし、副詞の最上級の場合には the をつけなくても間違いではありません。

<u>I run</u> (the) fastest.
私は 走る

これだけは覚えましょう

□ **in our class** (私たちのクラスの中で)
□ **of all the boys** (すべての少年たちの中で)

最上級の文では上のような言葉がいっしょに使われます。**in** は「**ひとつのかたまりの中で**」、**of** は「**たくさんの中で**」を表す前置詞です。

確認問題

次の英文が正しくなるように〔　〕内の語を適当な形にしてください。1語とはかぎりません。
(1) Tony is ＿＿＿＿＿＿＿＿＿＿ of the three. 〔tall〕
(2) Tony is ＿＿＿＿＿＿＿＿＿＿ in our class. 〔famous〕
(3) I get up ＿＿＿＿＿＿＿＿＿＿ in my family. 〔early〕

解答 (1) the tallest (2) the most famous (3) (the) earliest

8章 比較

3 as 〜 as の間は変化なし

I am tall.
I am taller than Tony.
I am the tallest in our class.
I am as tall as Tony.

このように tall が変化していきますが、一番下の表現は as と as の間に tall を入れて表します。

日本語に瓜2つという言い方があります。「野菜の瓜を縦2つに割るとそっくりで、どちらがどちらなのかわからない」という意味です。同じように考えると **as tall as** は as という同じ単語を使って、**「〜と同じぐらい背が高い」**という意味を表したと考えると覚えやすいのではないでしょうか。

☐ **I am as tall as Tony.**
　（私はトニー君と同じぐらいの背の高さがあります）

なお、as tall as の tall のように、変化していない形容詞を**原級**と呼びます。as 〜 as の〜のところには、形容詞だけではなく副詞も入ります。

I run fast.
☐ **I run faster than Tony.**　〈比較級〉
☐ **I run (the) fastest in our class.**　〈最上級〉
☐ **I run as fast as Tony.**　〈原級〉
　（私はトニー君と同じぐらい速く走る）

これだけは覚えましょう

▶ **できるだけ**速く走りなさい。
☐ **Run as fast as possible.**
☐ **Run as fast as you can.**

　as 〜 as possible, **as 〜 as you can** は、よく出題される熟語表現です。なお、you の部分は I が主語なら、I になります。

発音　possible［パスィボー］

ここが大切

◆比較で使う形容詞の意味◆

英語の形容詞の中には、次のような考え方を持つ形容詞があります。

□old
① **ある古さがある**　① **ある年齢である**
② 古い　　　　　　② 年上の、年をとった

as ～ as のような比較表現で使われるときは、いずれも①の意味で使われているので、注意が必要です。

つまり、**I am as old as Tony.** となっているからといって、

× 「私はトニー君と同じぐらい年をとっている」

という意味ではなく、

○ **「私はトニー君と同じぐらいの年齢です」**

という意味なのです。

◆ not as ～ as ◆

□ **I am not as old as Tony.**（私はトニー君ほど年ではない）

as ～ as には「～のように」という意味があることから、「私はトニー君のようには年をとっていない」となり、そこから「私はトニー君ほど年をとっていない」となるのです。

確認問題

1 次の英文が正しくなるように〔　〕内の語を適当な形にしてください。
(1) I am as _____ as Tony.〔tall〕
(2) Tony is as _____ as Judy.〔old〕
(3) I speak English as _____ as Tony.〔well〕

2 次の英文が同じ意味になるように（　）に適当な語を入れなさい。
Swim as fast as possible.
Swim as fast as (　　　)(　　　).

解答　**1** (1) tall　(2) old　(3) well　**2** you can

4 書きかえられる比較表現①

これだけは覚えましょう

「**私はトニー君ほど背が高くない**」という内容の英文は次の4パターン作ることができます。

(1) **I am not as tall as** Tony.　(2) **I am not taller than** Tony.
(3) **I am shorter than** Tony.　(4) **Tony is taller than** I(me).

もう少し解説しておきます。(1)と(2)を決まり文句として覚えておいてください。(3)と(4)は not taller than を not を使わずに表したものです。

このパターンで覚えておいた方がよい対になる単語をいくつか紹介しておきます。

□背が高い　tall〔トーオ〕　－　背が低い　short〔ショートゥ〕
□年上の　　old〔オーゥオドゥ〕　－　年下の　young〔ヤン・〕
□大きい　　big〔ビッグ〕　－　小さい　small〔スモーオ〕
□古い　　　old〔オーゥオドゥ〕　－　新しい　new〔ニュー〕

なお、**話し言葉では**、as ～ as I などのかわりに **as ～ as me**, **than me** のように、**目的格がよく使われます**。

もっとくわしく

as big as ～（～と同じぐらい大きい）と bigger than ～（～よりも大きい）はまったく意味が違うものですが、前にnotや倍数などがくると2つの英文が同じ意味を表します。

▶ この本はあの本**ほど大きくはありません**。
　□(1)　**This book is not as big as that one.**
　□(2)　**This book is not bigger than that one.**
▶ この本はあの本の**3倍の大きさ**があります。
　□(1)　**This book is three times as big as that one.**
　□(2)　**This book is three times bigger than that one.**

実際の英語では(1)(2)の2つが使われていますが、中学英語では(1)の方しか習いません。

力をつけよう

次のようなパターンもあるので、覚えておくと英検などで役に立ちます。

- □ **I am two years older than Tony.**
  (私はトニー君よりも**2歳年上です**)

- □ **Which is older, this car or that one?**
  (この車**と**あの車**ではどちらが古いですか**)
  - **This car is.** (この車です)

- □ **Who runs faster, you or Tony?**
  (あなた**と**トニー君**のどちらが速く走りますか**)
  - **Tony does.** (トニー君です)

- □ **Which do you like better, English or music?**
  (あなたは英語と音楽のどちらの方が好きですか)
  - **I like English better.** (私は英語の方が好きです)

確認問題

次の ( ) に適当な単語を入れてください。
(1) 私はあなたほど背が高くない。
  ① I'm not (　　　) (　　　) you.
  ② I'm not (　　　) (　　　) (　　　) you.
  ③ I'm (　　　) (　　　) you.
(2) この車とあの車とではどちらが古いですか。
  Which is (　　　), this car (　　　) that (　　　)?

解答 (1) ① taller than ② as tall as ③ shorter than
(2) older ／ or ／ one

5 書きかえられる比較表現②

次のパターンも、いろいろな問題でよく出てきます。
(A) 彼は私たちのクラスの中のすべての少年たちの中で一番背が高い。

☐(1) **He is the tallest boy in our class.**
　　　（彼は私たちのクラスの中で一番背が高い少年です）

☐(2) **He is the tallest of all the boys in our class.**
　　　（彼は私たちのクラスのすべての少年たちの中で一番背が高い）

☐(3) **He is taller than any other boy in our class.**
　　　（彼は私たちのクラスの中でどんなほかの少年より背が高い）

☐(4) **No other boy in our class is taller than he(him).**
　　　（私たちのクラスの中のどんなほかの少年も彼ほどは背が高くない）

☐(5) **No other boy in our class is as tall as he(him).**
　　　（私たちのクラスの中のどんなほかの少年も彼ほどは背が高くない）

　この５つのパターンはすべて同じ意味なので、大体の意味がわかったら、一気に丸暗記してください。日本語の意味は(A)のところに書いてある日本語を１つ覚えておくだけでよいのです。
　５つのパターンが書けるようにし何回も練習しましょう。

ここが知りたい

質問▶▶ 　No other boy から始まる英文の成り立ちが、まったくわからないのですが。

答え▶▶ 　次のように考えると、よく成り立ちがわかりますよ。
　Any other boy is not taller than he(him).
　Any other boy is not as tall as he(him).
　（どんなほかの少年も彼ほどは背が高くない）
　ただし、英語では any ～ not という言い方は文法的に正しくないといわれているので、not any = no の公式を使って書きかえてあるのです。
　☐ **No other boy is taller than he(him).**
　☐ **No other boy is as tall as he(him).**

力をつけよう

中学英語では「一番〜」を表すのに、次の2つのパターンしか習いません。
(1) He is the tallest boy in our class.
(2) He is the tallest of all the boys in our class.

ところが、同じ内容を表す応用として、次の文も使われます。
(3) He is taller than any other boy in our class.
（彼は私たちのクラスの中でどんなほかの少年より背が高い）

any other boy（どんなほかの少年）のように、any をどんなという意味で使うときは boy に s をつけてはいけません。

これだけは覚えましょう

◆比較級 and 比較級 （ますます〜）◆
It's getting **warmer and warmer**.
（だんだん暖かくなってきています）

確認問題

次の（ ）に適当な単語を入れて、「トニー君は私たちのクラスのすべての少年たちの中で1番背が高い」を表す英文にしてください。

(1) Tony is the （　　） boy （　　） our class.
(2) Tony is the （　　）（　　） all the boys （　　） our class.
(3) Tony is （　　） than （　　）（　　） boy in our class.
(4) （　　）（　　）（　　） in our class is （　　）（　　） Tony.
(5) （　　）（　　）（　　） in our class is （　　） tall as Tony.

解答 (1) tallest／in　(2) tallest of／in　(3) taller／any other
(4) No other boy／taller than　(5) No other boy／as

8章 比較

「もっと速く！」

コミュニケーションのための便利な英語

(1) Faster! Beat Ken!（もっと速く！　ケンを抜け！）
(2) Go faster!（もっとスピードを出して！）
(3) Too big is better than too small.
　　（大きすぎる方が小さすぎるよりはよい）
(4) Two heads are better than one.
　　（2人で考える方が1人よりはよい）

解説　(3)と(4)はことわざ。(3)は「大は小をかねる」。
　　　(4)は「3人寄れば文殊(もんじゅ)の知恵」。

同じ人の比較

コミュニケーションのための便利な英語

　比較は、A is 〜er than B. で「AはBよりも〜です」とAとBを比べたいときに使う表現方法なのですが、A look(s) 〜er than A. にすると、同じ人のことでも比較することができます。
　　You are younger than you really are.
　　（あなたは実際の年齢よりも若い）
これでは、意味がわかりませんが、この英文の are の代わりに look を入れると、人をほめるときに使えるとても便利な表現になります。
　　You look younger than you really are.
　　（あなたは実際の年齢よりも若く見えますよ）

9章　現在完了

　「現在完了」の考え方は、とても便利で、過去のことと、現在とのつながりを〈have ＋過去分詞形〉というパターンを使って表すことができるということです。
　〈have ＋過去分詞形〉のパターンを使って、過去の「経験」、過去から現在までの「継続」、やっていることが今終わったことを表す「完了」、そして、結果がどうなったかを表す「結果」の用法を表します。

1　現在完了は過去も現在も表せる
2　現在＋過去＝継続用法
3　経験用法を経験したことある？
4　完了用法は決まり文句で暗記
5　疑問詞を使った現在完了
　　── How のオンパレード

- 動詞 ed はどんな意味？
- been to は just で意味が変わる

1 現在完了は過去も現在も表せる

　現在完了という文法があります。この文法は、うまく利用するととても便利なのでがんばって理解してください。
　日本語で現在完了という漢字からどんなことを感じ取りますか。
　現在は「今」のこと、完了は終わったことという意味なので「過去」のことを表しているということがわかります。
　つまり、**「過去」のことと「今」のことを同時に表すことができる**のが、**現在完了**なのです。

　現在完了で使われるパターンに、〈**have ＋過去分詞形**〉という公式があります。この公式は**「過去の状態や過去のことを今も持っている」**ということなのです。
　たとえば、次のような日本語があるとしてください。
　「私は歌手になった」
　この日本語を英語に直そうとしたときに、どうやって直しますか。この日本語は、過去のことを表しているので、なったという became を使って、
I became a singer. でよいことがわかります。
　ところが、この英文は、「私は歌手になった」という過去の事実を表しているのは間違いないのですが、今のことについては、まったく触れていないのでわかりません。
　そこで、〈have ＋過去分詞形〉を使って英語に直すと、過去のことも今のことも表せるのです。
　☐ **I have become a singer.**
　　（私は歌手になって、今も歌手をしています）
　つまり、少しでも今のことについて触れたいと思ったら、〈have ＋過去分詞形〉のパターンを使えばよいということがわかります。

　発音　become［ビカム］　became［ビケィム］

ここが大切

現在完了では次の3つの意味を表すことができます。
- **継続** ──「ずっと〜している」過去の状態が今も続いている。
- **経験** ──「〜したことがある」過去にした経験を、今ふり返りながら今の話として話すときに使います。
- **完了・結果** ──「〜したところだ」「もう〜してしまった」物事が完了しているが、今のこととしてとらえたい場合に使います。完了した事が、結果としてまだそのままの状態であるということを伝えたいときにも使えます。

ここを間違える

〈have＋過去分詞形〉は、主語によって、〈has＋過去分詞形〉になります。

☐ **Tony has become a singer.**
（トニー君は歌手になった）

Link 過去分詞形 ⇒ P.111

確認問題

（　）の中に適当な単語を入れて日本語と同じ意味にしてください。
(1) トニー君は先生になった。〔今のことはわからない〕
　　Tony (　　　) a teacher.
(2) トニー君は先生になって今も先生をしています。
　　Tony (　　　) (　　　) a teacher.
(3) トニー君は先生になって今も先生なんですか。
　　(　　　) Tony (　　　) a teacher?

解答 (1) became (2) has become (3) Has ／ become

2 現在＋過去＝継続用法

現在完了では現在と過去をどのようにむすんでいるかを次の例で考えてみることにします。

▶ **私は昨日から（ずっと）いそがしい。**

```
    I am        busy    now.
+   I was       busy    yesterday.
```
　(I am was   busy   now yesterday.)
☐ **I have been   busy   since yesterday.**

解説します。
I am busy now. と I was busy yesterday. をたし算すると、I have been busy since yesterday. になります。

was busy（いそがしかった状態）を今も have（持っている）と考えて、I have been busy とします。

そして now が since に変わっています。この場合の since は、「〜から今まで」という意味の単語です。そのような意味になるのには、理由があります。now が変化したからです。

つまり、now（今）という意味を持ちながら、from（から）の意味を持つのが since なのです。

それでは、次の日本文を上のようにたし算しながら英語にしてみることにします。

▶ **私は去年から東京に住んでいます。**

```
    I live          in Tokyo    now.
+   I lived         in Tokyo    last year.
```
　(I live lived   in Tokyo   now last year.)
☐ **I have lived   in Tokyo   since last year.**

ここが大切

　現在完了の継続を表すときは、過去の状態が今も続いているということです。動作を表す動詞は、できるだけ使わないようにしてください。
　動作の継続を表すときは、現在完了進行形を使いますが、中学英語では習いません。
　状態を表す次のような動詞を継続用法ではよく使います。
- □〜を知っている　**know**［ノーゥ］　□〜を勉強している　**study**［スタディ］
- □〜に住んでいる　**live**［リヴ］

◆ for と since ◆

□ **I have studied English for three years.**
　（私は3年間英語を勉強しています）

　for は「〜の間」を表すときに使い、それに対して **since** は「〜から今まで」を表すときに使います。

◆現在完了に使えない語（句）◆

○　**I haven't studied English since yesterday.**
（× I haven't studied English yesterday.）

　現在完了では、**過去のことを表す言葉を単独で使うことはできません。**

確認問題

　次の（　）に適当な単語を入れて正しい英文にしてください。
(1) 私は昨日からいそがしい。
　　I have been busy (　　　) yesterday.
(2) 私は3日間いそがしくしています。
　　I have been busy (　　　) three days.
(3) 私は長い間ここに住んでいます。
　　I have lived here (　　　) a long time.
(4) 私は長年ここに住んでいます。
　　I have lived here (　　　) many years.
(5) 私は去年からトニー君と知り合いです。
　　I have known Tony (　　　) last year.

解答　(1) since　(2) for　(3) for　(4) for　(5) since

3 経験用法を経験したことある？

経験用法では、「過去に経験したことを、今も心の中に鮮やかに覚えていて、過去のこととしてではなくまさにその経験が今も生き続けている」ということを人に話すときに、〈have＋過去分詞形〉を使って表します。

☐私は東京タワーを見たことがあります。

　　I　have　seen　Tokyo Tower.
　　　　持っている　見た経験

相手に経験を聞くときにも使うことができます。

☐あなたは東京タワーを見たことがありますか。

　　Have　you　seen　Tokyo Tower?

これだけは覚えましょう

☐ **Have you seen** Tokyo Tower?
　（あなたは東京タワーを見たことがありますか）

☐ **Have you ever seen** Tokyo Tower?
　（あなたは今までに東京タワーを見たことがありますか）

☐ **I have never seen** Tokyo Tower.
　（私は1度も東京タワーを見たことがありません）

☐ **Have you ever been to** Tokyo?
　（あなたは今までに東京へ行ったことがありますか）

☐ **I have never been to** Tokyo.
　（私は1度も東京に行ったことがありません）

☐ **I have been to** Tokyo **three times**.
　（私は3度東京へ行ったことがあります）

☐ **I have seen** Tokyo Tower **before**.
　（私は前に東京タワーを見たことがあります）

ここを間違える

☐ **Tony has been to Tokyo.**
　（トニー君は東京へ行ったことがあります）
☐ **Tony has gone to Tokyo.**
　（トニー君は東京へ行ってしまっています）

　has（have）gone to にすると、行ってしまった状態を今も持ち続けていることになるので、**東京へ行って、今も東京にいる（＝ここにはいない）**という意味になります。

力をつけよう

▶ I lived in ～（私は～に住んでいました）⇒ I have lived in ～
☐ **I have lived in Tokyo.**
　（私は東京に住んでいたことがあります）

▶ I was in ～（私は～にいました）⇒ I have been in ～
☐ **I have been in Tokyo.**
　（私は東京にいたことがあります）

確認問題

（　）の中に適当な単語を入れてください。
(1) あなたは東京タワーを見たことがありますか。
　（　　　）you（　　　）Tokyo Tower?
(2) 私は東京タワーを見たことがあります。
　I（　　　）（　　　）Tokyo Tower.
(3) あなたは東京タワーに行ったことがありますか。
　（　　　）you（　　　）（　　　）Tokyo Tower?
(4) 私は一度も東京タワーに行ったことがありません。
　I（　　　）（　　　）（　　　）（　　　）Tokyo Tower.

解答　(1) Have ／ seen　(2) have seen　(3) Have ／ been to
(4) have never been to

4 完了用法は決まり文句で暗記

　完了を表す現在完了は、決まり文句で覚えるものがほとんどなので、次の決まり文句をまず完全に暗記してください。

これだけは覚えましょう

◆完了◆
- [ ] **Have you read this book <u>yet</u>?**
（もうこの本を読みましたか）
- [ ] **I have <u>not</u> read this book <u>yet</u>.**
（私はまだこの本を読んでいません）
- [ ] **I have <u>just</u> read this book.**
（私はたった今、この本を読んだところです）
- [ ] **I have <u>already</u> read this book.**
（私はもうすでにこの本を読みました）

この4つのパターンを暗記するだけで、完了の問題は解けます。

単語 　read［ゥレッドゥ］読む（read［ゥリードゥ］）の過去分詞形
　　　　yet［ィエットゥ］もう　　not ～ yet　まだ～ない
　　　　just［チァストゥ］たった今
　　　　already［オーォゥレディ］もうすでに

◆結果◆
- [ ] **I have lost my watch.**
（私は時計を失ってしまった［ままです］）
- [ ] **Tony has become a teacher.**
（トニー君は先生になって、今も先生をしています）

単語 　lost［ローストゥ］失う（lose［ルーズ］）の過去分詞形

ここが大切

□ 私は時計を失った。　　**I lost my watch.**

　このようにいうと、時計を失って、そして今はどうなっているのかについてはまったく触れていません。

□ 私は時計を失ってしまった〔ままです〕。　　**I have lost my watch.**

　このようにいうと、時計を失って今もなくて困っているという意味を表すことができます。

ここを間違える

　just（ちょうど、たった今）は、**過去**と**現在完了**で使うことができます。意味はまったく同じです。

□ **Tony has just come here.** 〈現在完了〉
　（トニー君はたった今ここに来たところです）

□ **Tony just came here.** 〈過去〉（トニー君はたった今ここに来ました）

　just now（ちょっと前に）という言い方は、過去のことを表しているので、**過去の文**で使います。

　I came here just now. 〈過去〉（私は先ほどここに来ました）

確認問題

次の（　）に適当な単語を入れてください。
(1) もう昼食をとりましたか。
　　Have you eaten lunch（　　　　）?
(2) 私はまだ昼食をとっていません。
　　I（　　　　）eaten lunch（　　　　）.
(3) 私はたった今昼食をとったところです。
　　I have（　　　　）eaten lunch.
(4) 私はもうすでに昼食をとりました。
　　I have（　　　　）eaten lunch.

解答　(1) yet　(2) haven't／yet　(3) just　(4) already

5 疑問詞を使った現在完了 —— How のオンパレード

これだけは覚えましょう

□あなたはここに何年住んでいますか。
　How many years have you lived here?
　　―私はここに３年間住んでいます。
　― I have lived here for three years.
□あなたはここにどれくらい住んでいますか。
　How long have you lived here?
　　―私はここに３年間住んでいます。
　― I have lived here for three years.
□あなたはいつからここに住んでいますか。
　How long have you lived here?
　　―私は去年からここに住んでいます。
　― I have lived here since last year.
□あなたは何回東京へ行ったことがありますか。
　How many times have you been to Tokyo?
　　―私は東京へ３回行ったことがあります。
　― I have been to Tokyo three times.
□あなたは何回アメリカへ行ったことがありますか。
　How often have you been to America?
　　―私はそこへ一度も行ったことがありません。
　― I have never been there.

ここが知りたい

質問▶▶　How long は、意味が２つあるのですか。
答え▶▶　するどいですね。くわしくいうと、How long には、次のような意味があります。①「いつから」②「いつからいつまで」③「どれくらいの長さ」④「どれくらいの時間」⑤「どれくらいの期間」

ここを間違える

□私は3年前からここに住んでいます。
- ○ **I have lived here for three years.**
- (× I have lived here since three years ago.)

このように、「3年前から」を「3年間」と考えて英語に直してください。since と ago は文法的にはいっしょに使ってはいけないといわれています。ただし、実際には、since three years ago を使っている人もいます。

もっとくわしく

□今までに奈良市へ行ったことはありますか。
Have you ever been to Nara City?
－　一度もありません。
－ {
No, I have never been there.
No, I haven't.
No, I never have.
No, never.
}

注意していただきたいのは、× No, I have never. という言い方はしないということです。

確認問題

次の（　）に適当な単語を入れてください。
(1) あなたはここに何年住んでいますか。
　　（　　）（　　）（　　）have you lived here?
(2) あなたはここにどれくらい住んでいますか。
　　（　　）（　　）have you lived here?
(3) あなたは何回アメリカに行ったことがありますか。
　① （　　）（　　）（　　）have you been to America?
　② （　　）（　　）have you been to America?

解答　(1) How many years　(2) How long
　　　　(3) ① How many times　② How often

動詞ed はどんな意味？

コミュニケーションのための **便利**な英語

動詞 ed はどんな使われ方をするのかをまとめてみます。
studied を例にとって説明します。

(1) 「勉強した」という過去の意味を表すのが一般的です。
(2) be 動詞＋過去分詞形（勉強される）で使われるとき
English is studied by Japanese people.
（英語は日本人によって勉強されています）
(3) have(has) ＋過去分詞形で使われるとき
I have studied English for five years.
（私は5年間英語を勉強しています）

been to は just で意味が変わる

コミュニケーションのための **便利**な英語

(1) I have been to Tokyo.
（私は東京へ行ったことがあります）
(2) I have just been to Tokyo.
（私は東京へ行って帰ってきたところです）
just があるかないかで意味が変わる例です。

次の英語も覚えておくと便利です。
(3) Where have you been?
（どこへ行っていたの）
(4) How have you been?
（いかがお過ごしですか）

10章　接続詞

　「接続詞」とは、文と文、単語と単語、語句と語句をくっつける接着剤のような役割をする単語と考えてください。「接続詞＋主語＋動詞」を節といいます。節の中にはどのように使われているかによって、「副詞節」「名詞節」「形容詞節」があります。中学英語では、おまけの働きをする「副詞節」と、名詞の働きをする「名詞節」を勉強します。

1. 接続詞の使い方 ── and と or
2. 接続詞の使い方 ── when と if
3. 接続詞の使い方 ── because
4. 接続詞の使い方 ── before と after
5. 接続詞の使い方 ── that
6. 「～しなさい、そうすれば…」
7. 接続詞の使い方 ── but と though

- that の有無(うむ)による意味の違い
- 便利な if の表現
- 「それだけですか？」
- 「ノーサンキュー」をやわらかく

1 接続詞の使い方 —— and と or

接続詞は、**単語と単語、語句と語句、文と文を結ぶ**ときに使う言葉です。
　ここでは、接続詞の and の使い方を考えてみたいと思います。and の使い方には次の2種類のパターンがあります。
〔パターン1〕A　and　B（AとB）
　　　　　　You　and　I（あなたと私）
〔パターン2〕A, B, and　C（AとBとC）
　　　　　　Tony, Judy, and　Tom（トニーとジュディーとトム）

ここが大切

☐ **You and I are friends.**（あなたと私は友だちです）

$$\left[\begin{array}{c} \text{You} \\ \text{and} \\ \text{I} \end{array}\right] \text{are friends.}$$

☐ **I studied and went to bed.**（私は勉強した、そして寝た）

$$\text{I} \left[\begin{array}{c} \text{studied} \\ \text{and} \\ \text{went to bed} \end{array}\right].$$

　このように考えると、and の後ろに I が必要ないことがわかります。and は studied と went to bed をつないでいるのです。

☐ **I am hungry and cold.**（私はおなかがすいていて、そして寒いのです）

$$\text{I am} \left[\begin{array}{c} \text{hungry} \\ \text{and} \\ \text{cold} \end{array}\right].$$

　次は or の使い方です。or には次の2種類の意味があります。
〔パターン1〕**two or three times**（2か3回＝2, 3回）
〔パターン2〕**Is this pen yours or mine?**
　　　　　　（このペンはあなたのものですか、それとも私のものですか）

ここを間違える

(1) 「私とあなた」となっていても、英語では **you and I** のように I を and の後ろに置くことが文法的に正しいといわれています。

(2) 「赤いバラと白いバラ」は2つの言い方ができます。2本なので、a が2つあります。

☐ **a red and a white rose**　　☐ **a red rose and a white rose**

$$\begin{bmatrix} \text{a red} \\ \text{and} \\ \text{a white} \end{bmatrix} \text{rose} \qquad \begin{bmatrix} \text{a red rose} \\ \text{and} \\ \text{a white rose} \end{bmatrix}$$

(3) 「赤白まだらのバラ」はこういいます。1本なので a は1つです。

☐ **a red and white rose**

$$a \begin{bmatrix} \text{red} \\ \text{and} \\ \text{white} \end{bmatrix} \text{rose}$$

単語　red [ゥレッドゥ] 赤い　　white [ワーィトゥ] 白い　　rose [ゥローゥズ] バラ

確認問題

次の（　）に適当な単語を入れてください。

(1) 2，3回
　　two (　　) three times
(2) これはあなたのペンですか、それともトニー君のペンですか。
　　Is this your pen (　　) Tony's?
(3) あなたと私は友だちです。
　　You (　　) I are friends.
(4) 私は東京へ行った、そしてそれから大阪へ行った。
　　I went to Tokyo (　　) then I went to Osaka.

解答　(1) or　(2) or　(3) and　(4) and

2 接続詞の使い方 —— when と if

　ここでは、when と if の使い方について考えてみたいと思います。when と if は次の2ヵ所で使うことができます。
◆ when と if が文の前にくるとき◆　※後ろの文との間に，(カンマ)を入れます。
□**もし**あなたが幸せ**なら**、私は幸せです。
　If you are happy, I am happy.
□あなたが幸せな**とき**、私は幸せです。
　When you are happy, I am happy.
◆ when と if が文の途中にくるとき◆
□私は**もし**あなたが幸せ**なら**、幸せです。
　I am happy **if** you are happy.
□私はあなたが幸せな**とき**、幸せです。
　I am happy **when** you are happy.
　ここで使っている **if** と **when** は、文章と文章を結ぶときに使うものなので、2つの英文を作っておいて、「もし～なら」「～のとき」を意味する文の頭に置いてください。

ここが大切

このパターンで未来のことを表すときには、注意が必要です。
「もし明日天気なら、私は出かけるつもりです」
　「もし明日天気なら」と「私は出かけるつもりです」のうちのどちらがよりいいたいことかをまず考えます。この日本語がいいたいことは、「私は出かけるつもりです」で、その条件が「もし明日天気なら」と考えることができます。この「もし明日天気なら」が付け加えの言葉、いいかえると副詞なのです。上の例のように副詞が完全な文のときは、副詞といわずに副詞節といいます。この**副詞節では、未来のことであっても、必ず現在形で表さなければならない**のです。このことから、次のようになります。

　◯　**If** it **is** a nice day tomorrow, I will go out.
　　　　　　　　　　　　(もし明日天気なら、私は出かけるつもりです)
　（×　If it will be a nice day tomorrow, I will go out.）

これだけは覚えましょう

whenやifのほかに副詞節でよく使われる接続詞には、次のようなものがあります。

◆ ～している間に　while ◆
- **While you are young, study.**
  （あなたは若い間に、勉強しなさい）
- **Study while you are young.**
  （勉強しなさい、あなたが若い間に）

◆ ～するとすぐに　as soon as ◆
- **As soon as it stops raining, I will go out.**
  （雨がやむとすぐに私は出かけるつもりです）
- **I will go out as soon as it stops raining.**
  （私は出かけるつもりです、雨がやむとすぐにね）

発音　while［ワーィオ］　as soon as［アズスーナズ］

確認問題

次の（　）に適当な単語を入れてください。
(1) もし明日雨が降ったら、私は家にいます。
　　（　　　）it（　　　　）tomorrow, I will stay home.
(2) あなたがそこに着くとすぐに私に電話をかけてね。
　　（　　　）（　　　）（　　　　）you get there, call me.
(3) あなたがそこに着いたら、私に電話をかけてね。
　　（　　　　）you get there, call me.

解答　(1) If／rains　(2) As soon as　(3) When

3 接続詞の使い方 —— because

ここでは、because やそのほかの理由を表す接続詞の使い方について考えてみたいと思います。

ここが大切

because には次の2つの使い方があります。

◆「～なので」を表す because のパターン◆
- ☐ **Because** you are pretty, I like you.
  （あなたがかわいいので、私はあなたが好きです）
- ☐ I like you **because** you are pretty.
  （私はあなたがかわいいので、あなたのことが好きです）

◆ why に対して because で答えるパターン◆
- ☐ **Why** do you like English?
  （なぜあなたは英語が好きなのですか）
    - **Because** it is interesting to me.
    （なぜならば、それが私にとっておもしろいからです）

これだけは覚えましょう

理由を表わす as と so を使って、同じ意味を表すことができます。
- ☐ **As** I was tired, I didn't study.
  （私はつかれていたので、勉強しませんでした）
- ☐ I was tired, **so** I didn't study.
  （私はつかれていました。だから勉強しませんでした）

力をつけよう

I like you because you are tall.
（私はあなたが背が高いので、あなたが好きです）
☐ **I don't like you because you are tall.**
（私はあなたが背が高いからあなたを好きというわけではありません）

notがきているときは、上の日本語のような意味になるので、よく日本語を覚えておいてください。ただし、このような文はめったに出てきません。

ここが大切

☐なぜあなたは一生懸命勉強するのですか。
　Why do you study hard?
　　－なぜならば、私は先生になりたいからです。
　　— Because I want to be a teacher.
　　－先生になるためです。
　　— To be a teacher.

この場合の答えには、BecauseとTo不定詞のどちらかを使うことができます。

確認問題

次の（　）に適当な単語を入れてください。
(1) なぜあなたは一生懸命英語を勉強するのですか。
　　（　　　　　）do you study English hard?
(2) アメリカへ行きたいからです。
　　（　　　　　）I want to go to America.
(3) アメリカへ行くためです。
　　（　　　　　）go to America.
(4) 私はあなたがかわいいので、あなたが好きです。
　　I like you（　　　　　）you are pretty.

解答 (1) Why (2) Because (3) To (4) because

4 接続詞の使い方 —— before と after

これだけは覚えましょう

▶ 寝る前に歯を磨きなさい。
- **Before you go to bed, brush your teeth.** 〈接続詞〉
- **Before going to bed, brush your teeth.** 〈前置詞〉
- **Brush your teeth before you go to bed.** 〈接続詞〉
- **Brush your teeth before going to bed.** 〈前置詞〉

▶ 歯を磨いてから寝なさい。
- **After you brush your teeth, go to bed.** 〈接続詞〉
- **After brushing your teeth, go to bed.** 〈前置詞〉
- **Go to bed after you brush your teeth.** 〈接続詞〉
- **Go to bed after brushing your teeth.** 〈前置詞〉

発音 brush [ブゥラッシ] teeth [ティーす] before [ビフォー] after [エァフタァ]

解説します。

Before + 英文, 英文. （接続詞）
英文 + before + 英文. （接続詞）

After + 英文, 英文. （接続詞）
英文 + after + 英文. （接続詞）

Before + 動詞のing形, 英文. （前置詞）
英文 + before + 動詞のing形. （前置詞）

After + 動詞のing形, 英文. （前置詞）
英文 + after + 動詞のing形. （前置詞）

このように、before と after には接続詞と前置詞としての働きがあります。**接続詞**として使いたい場合には**完全な英文の前**に、**前置詞として使いたい場合は動詞のing形の前**に置いてください。

　これらの before と after は接続詞と前置詞をまとめて覚えておいてください。

ここが大切

beforeやafterなどの語は文の最初にくるときと文の途中にくるときがあります。**文の最初にくるとき**は、次の文が始まる前に**,(カンマ)を必ず書いてください。**

読むときは、,(カンマ)のところで少しポーズ(間)をあけてください。

英語では、.(ピリオド)がきていると、英文の最後を下げて読みます。,(カンマ)のときは軽く上げて読みます。

☐ **If you're happy, I'm happy.**
　　　(↗)　　　(↘)　(もしあなたが幸せなら、私は幸せです)

☐ **I'm happy if you're happy.**
　　　(↘)　　　(↘)　(私はもしあなたが幸せなら、幸せです)

確認問題

次の(　)に適当な単語を入れてください。
(1) 寝る前に歯を磨きなさい。
　① (　　　) (　　　　) go to bed, brush your teeth.
　② (　　　) (　　　　) to bed, brush your teeth.
　③ Brush your teeth (　　　) (　　　　) go to bed.
　④ Brush your teeth (　　　) (　　　　) to bed.
(2) もしあなたが幸せなら、私は幸せです。
　(　　　) you're happy, I'm happy.
(3) 私はもしあなたが幸せなら、幸せです。
　I'm happy (　　　) you're happy.

解答 (1) ① Before you ② Before going ③ before you ④ before going (2) If (3) if

5 接続詞の使い方 ── that

　英語では、どのような疑問がうまれるかによって、どんな単語を置けばよいかがわかります。
　たとえば、I know で考えてみましょう。

▶ **I　know　　　Tony.**
　私は知っています 〈だれを〉 トニー君を

　上の文から、次のようなことがわかります。
〈何を〉や〈だれを〉という疑問がうまれると、次に名詞の働きをする言葉がくるということなのです。
　次に、同じ I know を使って「私はトニー君が先生であるということを知っています」という文を英語に直します。
　まずは I know と名詞の働きをする部分に分けます。

▶ **私は知っています 〈何を〉 トニー君が先生であるということを**
　　　　 I know

　「トニー君が先生である＋ということ」
　この部分を英語に直すとき、次のように考えることができます。
英語では、〈意味のわかりにくいもの〉を先に置きます。すると疑問がうまれるので、その答えを後ろに置くのです。
　この場合、〈意味のわかりにくいもの〉は「ということ」の方です。そこで、

▶ **ということ 〈何ということ〉 トニー君が先生である**
　　 that　　　　　　　　　　 Tony is a teacher

とすれば、次のような正しい英語になるということがわかります。

☐ **I know　　that Tony is a teacher.**
　私は知っています 〈何を〉 トニー君が先生であるということを

ここが大切

▶ (泳ぐ)こと ➡ to + (swim)
　　　　　　　　　こと〈何をすること〉　泳ぐ
▶ (あなたが泳ぐ)ということ ➡ that + 〈何ということ〉(you swim)
　　　　　　　　　　　　　　　　　ということ　　　　　　　　あなたが泳ぐ

動詞がきているときは to を、完全な英文がきているときは that を、それぞれの前に置くと、**名詞の働きをするかたまりに変えることができます。**

☐ **I like to swim.** (私は泳ぐことが好きです)
☐ **I know that you swim.** (私はあなたが泳ぐということを知っています)
　　　　　名詞の働きをするかたまり(名詞節)

Link 不定詞の名詞的用法 ➡ P.94

力をつけよう

☐ **I know that Tony is a teacher.**
(私はトニー君が先生であるということを知っています)
☐ **I knew that Tony was a teacher.**
(私はトニー君が先生で**ある**ということを知っていました)

このように **knew が過去**ならば、**2つめの動詞も過去形**になります。

ここを間違える

☐ **I knew that he was a doctor.**
　○　私は彼が医者で**ある**ということを知っていました。
　(× 私は彼が医者であったということを知っていました)

確認問題

次の ( ) に適当な単語を入れてください。
(1) 私はトニー君がアメリカ人であるということを知っています。
　　 I (　　　) (　　　) Tony (　　　) American.
(2) 私はトニー君がアメリカ人であるということを知っていました。
　　 I (　　　) (　　　) Tony (　　　) American.

解答　(1) know that／is　(2) knew that／was

6 「〜しなさい、そうすれば…」

ここで勉強する and と or は、例文で覚えておくと、とても便利です。

これだけは覚えましょう

□ **急ぎなさい、そうすれば**あなたはそのバスに間に合いますよ。
Hurry up, and you'll catch the bus.
(= If you hurry up, you'll catch the bus.)
□ **急ぎなさい、そうじゃないと**あなたはそのバスに乗りおくれますよ。
Hurry up, or you'll miss the bus.
(= If you don't hurry up, you'll miss the bus.)
▶ 命令文, and 〜 (…しなさい、そうすれば〜)
▶ 命令文, or 〜 (…しなさい、さもないと〜)

発音　hurry up [ハァ〜ゥリアップ]　you'll [ユーオ]　catch [キャッチ]　miss [ミス]

□ 私はトニー君**と**ジュディーさん**の両方とも**知っています。
I know both Tony and Judy.
▶ A and B (AとB)
▶ both A and B (AとB両方)

発音　both [ボーゥす]

□ 私はトニー君**だけではなく**ジュディーさん**も**知っています。
I know not only Tony but (also) Judy.
□ トニー君**だけではなく**私**も**いそがしい。
Not only Tony but (also) I am busy.
▶ not A but B (AではなくB)
▶ not only A but (also) B (AだけではなくBも)

発音　only [オーゥンリィ]　also [オーオソーゥ]

ここが大切

英語では、日本語と違って is, am, are などの使い分けがあります。
次のような場合、(1)(2)とも**後ろの主語の方に**be動詞をあわせます。

- (1) **Either you or I am right.**
  (あなたか私のどちらかが正しいのです)
- (2) **Not only you but (also) Tony is right.**
  (あなただけではなくトニー君も正しいのです)

ここを間違える

- **トニー君**と**私**が正しい。
  Tony and I are right.
- **私**と**トニー君**の両方ともが正しい。
  Both Tony and I are right.

日本語では「トニー君と私」、「私とトニー君」と両方いいますが、**英語では Tony and I** にしなければならないのです。つまり、「私」が含まれる場合は必ず「私」が後ろにくるのです。「お先にどうぞ」の精神ですね。

確認問題

次の（　）に適当な単語を入れてください。
(1) 勉強しなさい、そうすればそのテストに受かりますよ。
　　Study, (　　　) you'll pass the test.
(2) もしあなたが勉強すれば、あなたはそのテストに受かりますよ。
　　(　　　) you study, you'll pass the test.
(3) 勉強しなさい、さもないとそのテストに失敗しますよ。
　　Study, (　　　) you'll fail the test.
(4) もしあなたが勉強しなければ、あなたはそのテストに失敗しますよ。
　　(　　　) you (　　　) study, you'll fail the test.

解答　(1) and　(2) If　(3) or　(4) If／don't

10章　接続詞

7 接続詞の使い方 ── but と though

but と though の使い方について考えてみたいと思います。

◆ **but** [バットゥ] ◆

but(しかし)は次のように使います。

▶ 完全な英文， + but + 完全な英文．

☐ **It's cold, but I'll go out.**
(寒い。しかし、私は出かけるつもりです)

◆ **though** [ぞーゥ] ◆

though(けれども)は次のように使います。置く位置に注意してください。

▶ Though + 完全な英文， + 完全な英文．

☐ **Though it's cold, I'll go out.**
(寒いけれども、私は出かけるつもりです)

これだけは覚えましょう

but(しかし)と though(けれども)は意味がほぼ同じ英文として、まとめて覚えておきましょう。ただし、入れる位置に注意してください。

▶ 私は日本人ですが、私は日本語が話せません。

☐ **I'm Japanese, but I can't speak Japanese.**
☐ **Though I'm Japanese, I can't speak Japanese.**

確認問題

次の(　)に適当な単語を入れてください。
(1) 私はつかれているけれども、私は勉強するつもりです。
　　(　　　) I'm tired, I will study.
(2) 私はつかれています。しかし私は勉強するつもりです。
　　I'm tired, (　　　) I will study.

解答　(1) Though　(2) but

that の有無による意味の違い

コミュニケーションのための
(便)(利)な英語

　中学英語では Tony is a teacher.(トニーさんは先生です)を名詞の働きをするかたまりにしたいとき、〈that＋完全な英文〉にすることで、that Tony is a teacher（トニーさんが先生であるということ）にすることができます。（⇒ p.152 参照）
　そして、この考えを利用すると、次の日本文を英文にすることができます。「あなたは、トニーさんが先生であるということを知っていますか」
(1)　Do you know that Tony is a teacher?
　また、この文の接続詞 that を省略し、次のようにできるとも習います。
(2)　Do you know Tony is a teacher?
　でも、この2つの文は意味が完全に同じなのか、それとも少しは違うのか、疑問に思ったことはありませんか。この疑問を解決するには、(1)の

　　Do you know　　　＋　that Tony is a teacher? という文を
　　Do you know that　＋　　　Tony is a teacher?
　　あなたはそれを知っていますか〈それって何〉トニーさんが先生てあるということ

のように、区切り直して考えるとよくわかります。
　このように考えると、that がある分だけ時間的に余裕があるときで、ゆっくりていねいに話したときや、書き言葉にちょうどよいことがわかります。一方、日常会話では「あなた知ってる？　トニーさんは先生だよ」というのが普通ですね。これが英語では that を省略した(2)の文にあたります。

便利な if の表現

コミュニケーションのための
(便)(利)な英語

　if(もし～なら)をうまく使うと、次のような言い方を表すことができます。
If it isn't you, Tony.
　（もしかして、あなたはトニーさんではないですか）
If it's closed, it's closed. Let's go to another book store.
　（しまっているのなら仕方がない。ほかの本屋に行きましょう）

「それだけですか？」

コミュニケーションのための便利な英語

andは「そして」という意味の接続詞ですが、次のように使うと、生きた表現としてandを使うことができます。

Judy was pretty and smart.
　（ジュディーさんはかわいくてかしこかったよ）
－ And now?　（それで今は？）

I'm sorry.　（ごめんなさい）
－ And?　（それだけですか？）

「ノーサンキュー」をやわらかく

コミュニケーションのための便利な英語

Thank you.(ありがとうございます)という表現に否定語のNoをつけた言い方があります。
　No, thank you.
　（いいえ、けっこうです）
この表現は相手にものをすすめられたときに使う決まり文句なのですが、Noを強く言うと失礼な言い方になります。このようなときにbutを使うと、とても感じのよい断り方ができるのです。
　Thank you, but no.
　（ありがとうございます。でもけっこうです）

11章　関係代名詞

　「関係代名詞」とは、2つの英文を1つのかたまりに変えるときに使う便利な表現方法です。その名詞の次に関係代名詞を置くことによって、「どんな」という疑問がうまれ、名詞の説明を関係代名詞ですることができるのです。たとえば、That boy is running. は「あの少年は走っている」という文ですが、that boy who is running にすると「走っているあの少年」となります。

1　接触節のやさしい解説
2　関係代名詞と代名詞の深い関係
3　関係代名詞を使わずに「かたまり」を作る①
4　関係代名詞を使わずに「かたまり」を作る②
5　人でも物でもOK ── 関係代名詞 that
6　長沢式関係代名詞を使って2つの文を1つにする方法
7　「だれの」という疑問に答える関係代名詞 whose

- 関係代名詞の省略の決まり文句
- 「あなたに似た人」

1 接触節のやさしい解説

英語の文法用語に節という考え方があります。
〈主語＋動詞〉があって、その左側に接続詞がきているとき、〈接続詞＋主語＋動詞〉のところが名詞の働きをしているときを名詞節、おまけの働きをしているときを副詞節と呼ぶことがあります。

▶ the boy | I met
　　　名詞　　主語＋動詞

ここでは上のように接続詞がついていない〈主語＋動詞〉が左側にある名詞と直接くっついている場合の、**接触節**について説明したいと思います。むずかしい文法用語は忘れてもらってもいいので、ここからの接触節の使い方のみを覚えてくださいね。

次の2つの日本文をよく見てください。1つは**かたまり**、もう1つは**文**になっています。

(1) （私が出会った）その少年　　〈かたまり〉
(2) 私はその少年に出会いました。〈文〉

(1)のようにその少年という、名詞で終わっていて、その言葉をくわしく説明しているとき、その「名詞＋説明しているもの」を**「かたまり」**と私は呼んでいます。

そのかたまりを英語にしたいときは、まず（　　）以外の言葉を前に置きます。そして、疑問がうまれるので、その疑問の答えを後ろに置くのです。
たとえば(1)を英語に直すときは次のように考えます。

(1) （私が出会った）その少年
　　　　　　⬇
　　その少年〈どんな少年〉**私が出会った**
　　　　　　⬇
　　the boy〈どんな少年〉**I met**

簡単にいうと、**「だれがどうする」**という日本語がかたまりの中にあるとき、**「名詞＋だれがどうする」にすればよい**だけなのです。その「だれがどうする」にあたるのが、接触節なのです。

かたまりの中に**おまけ**がついているときも、**「名詞＋だれがどうする＋おまけ」**のようにすれば、簡単に英語にすることができます。ここで私がいっているおまけとは付け加えの言葉(副詞)のことをさしています。

次のように考えてください。

(3) (私が昨日出会った) その少年

(私が昨日出会った)の中で「だれがどうした」を表している言葉以外に残っている言葉(おまけ)は「昨日」であることがわかります。

このように考えると、(3)は次のようにすれば、正しい英語に直せることがわかります。

the　boy　＋　(だれがどうした)　＋　(おまけ)
⇩
the　boy　＋　私が出会った　　＋　昨日
⇩
the　boy　＋　I met　　　　　＋　yesterday

最後にかたまりが入った英文を作りましょう。

(4) 私が昨日出会ったその少年は背が高かった。

このような日本語は次のように考えて英語にします。

まず、かたまりの部分(私が昨日出会ったその少年)をAとします。

(4) Aは背が高かった。

　　A　was　tall.

次にAのところに英語に直したかたまり(the boy I met yesterday)を入ればできあがりです。

☐ **The boy I met yesterday was tall.**

確認問題

次の(　)に適当な単語を入れてください。
(1) 私がとても好きなあの少年
　　that boy (　　　) (　　　) very much
(2) 私がほしいこの本
　　this book (　　　) (　　　)

解答　(1) I like　(2) I want

2 関係代名詞と代名詞の深い関係

英語には**関係代名詞**と呼ばれる文法があります。

これは日本語にはないのですが、次のように考えるとすぐにわかるようになります。

関係代名詞と呼ばれる単語には次のようなものがあります。

前にくる名詞	主格（〜は／〜が）	所有格（〜の）	目的格（〜を／〜に）
人	**who**	**(whose)**	**(who) (whom)**
物・動物	**which**	**(whose)**	**which**
どちらでも OK	**that**		**that**

これらの関係代名詞は代名詞と深い関係にあります。

前にくる名詞	主格（〜は／〜が）	所有格（〜の）	目的格（〜を／〜に）
人	he	his	him
物・動物	it	its	it

このように見ると、who と he、whose と his、whom と him、which と it が同じような働きをしていることがわかります。

この本では、who, which, that を中心に理解しながら、関係代名詞をマスターしていこうと思います。

ここが知りたい

質問▶▶　who と he はどのような関係があるのですか。
答え▶▶　どちらも、「〜が」や「〜は」を表すときに使う単語なのです。

ここが大切

That boy can swim well.

たとえば、上の英語は「あの少年はじょうずに泳ぐことができます」という文です。この文をかたまりにしたいときに that boy の後ろに関係代名詞の who, whose, whom の中から、適当な単語を選んで置くことで文をかたまりにすることができます。どれを使えばよいかは、次のように考えると簡単にわかります。

That boy <u>can swim well</u>.

この下線のところを日本語に訳すと「じょうずに泳ぐことができます」となります。ここで**どんな疑問がうまれるか**を考えます。〈だれが〉という疑問がうまれることから who を that boy の後ろに置けばよいことがわかります。ただし、関係代名詞は〈どんな〉という意味で使う言葉なので、英語を日本語に訳すときは次のようになります。

☐ **that boy　　who　　can swim well**
　あの少年　〈どんな少年〉　じょうずに泳ぐことができる

このように考えると「じょうずに泳ぐことができるあの少年」というかたまりになることがわかるのです。

関係代名詞では「**だれが**」ならば **who**、「**だれの**」ならば **whose**、「**だれを**」ならば **who(whom)** を使うのです。

確認問題

次の（　）に適当な英単語か日本語を入れて完成させてください。
◎関係代名詞とは①（　　　）を②（　　　）にするときに使う言葉です。「あの少年はじょうずに泳ぐことができる」は③（　　　）で、「じょうずに泳ぐことができるあの少年」は④（　　　）です。このかたまりの日本語を英語に直したいときに⑤（　　　）という⑥（　　　）を that boy の次に置くと英語に直すことができます。これは、That boy can swim well. という⑦（　　　）を、That boy の次に who を入れることで⑧（　　　）に変えているのです。who には「⑨（　　　）」という意味があります。

解答　① 文　② かたまり　③ 文　④ かたまり　⑤ who
　　　　⑥ 関係代名詞　⑦ 文　⑧ かたまり　⑨ どんな

3 関係代名詞を使わずに「かたまり」を作る①

　文をかたまりに変えるのが関係代名詞の役割なのですが、ときどき関係代名詞が省略されることがあります。
　次のように考えるとよくわかります。

☐(1)　<u>That dog</u>　<u>is running</u>　<u>over there.</u>　〈文〉
　　　あのイヌは　　　走っています　　　あそこで

☐(2)　<u>that dog</u>　<u>which</u>　<u>is running over there</u>　〈かたまり〉
　　　あのイヌ　〈どんなイヌ〉　あそこで走っている

☐(3)　<u>that dog</u>　　　　　<u>running over there</u>　〈かたまり〉
　　　あのイヌ　〈どんなイヌ〉　　あそこで走っている

　英語の文とは、必ず文法的に正しくなければ文ではありません。主語（〜は）の次に動詞がきていなければ文ではないのです。
　たとえば、(1)の英文は、次のようになっています。

(1)　That dog　　　is running　　　over there.
　　主語（あのイヌは）　動詞（走っています）　　（あそこで）

　このようになっているので、完全な文であることがわかります。
　一方、(2)は that dog の次に which がきているので、文ではなくかたまりであることがわかるのです。
　(3)は下のように

　　that dog　runnning　over there
　　あのイヌ　　走っている　　あそこで

となっているので、一見完全な文のように思うかもしれませんが、動詞がありません。このことから、文ではなくかたまりであることがわかります。
　(2)(3)の英文のように that dog の次に動詞がないときは、〈どんなイヌ〉という疑問がうまれるということを覚えておいてください。このことから、次の２つのかたまり

　(2)　that dog which is running over there
　(3)　that dog running over there

が、同じ意味になることがわかります。

これだけは覚えましょう

関係代名詞を使わずにかたまりを表すことができます。次の公式を覚えておきましょう。

> that ① dog ②

that dog の説明をしている言葉を**1単語の場合は①のところに、2単語以上の場合には②のところ**に入れると正しい表現になります。

ただし、この①や②の中にくるのは、現在分詞形(動詞の ing 形)や、過去分詞形(〜された)を表している単語か、形容詞に限られます。

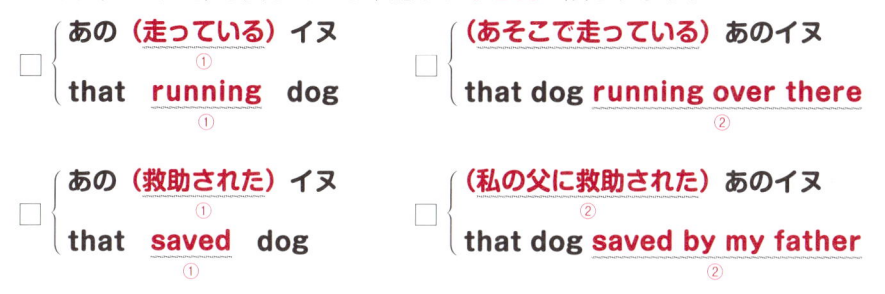

- □ { あの(走っている)イヌ / that running dog }
- □ { (あそこで走っている)あのイヌ / that dog running over there }
- □ { あの(救助された)イヌ / that saved dog }
- □ { (私の父に救助された)あのイヌ / that dog saved by my father }

確認問題

次の(　)に適当な単語を入れてください。
(1) あのイヌは走っています。　That dog (　　　) (　　　).
(2) 走っているあのイヌ
　① that dog (　　　) (　　　) (　　　)
　② that (　　　) (　　　)
(3) あのイヌはあそこで走っています。
　That dog (　　　) (　　　) over there.
(4) あそこで走っているあのイヌ
　① that dog(　　)(　　)(　　)(　　)(　　)
　② that dog (　　)(　　　)(　　)

解答 (1) is running　(2) ① which is running　② running dog
(3) is running
(4) ① which is running over there　② running over there

4 関係代名詞を使わずに「かたまり」を作る②

　英語ではかたまりとかたまりが集まって文になるので、このかたまりを理解することが英語を理解することにつながります。それではかたまりについて日本語で考えてみることにしましょう。

(1)　私が知っているあの少年
(2)　私を知っているあの少年

　この2つの日本語は、文ではなくかたまりを表しています。かたまりとは、「名詞の働きをする大きいかたまり」のことなのです。
　(1)と(2)の場合、「あの少年」で終わっていることからかたまりであることがわかります。

(1)　（私が知っている）あの少年
(2)　（私を知っている）あの少年

　このように（　　）をつけたところが、名詞の説明になっているのです。
　このようなときは、次のように考えて英語に直します。

(1)　あの少年〈どんな少年〉私が知っている
(2)　あの少年〈どんな少年〉私を知っている

　このまま英語に直すと次のようになります。

(1)　**that boy**〈どんな少年〉I know　➡ □ **that boy I know**
(2)　**that boy**〈どんな少年〉knows me ➡ □ **that boy〈who〉knows me**

　この〈どんな少年〉という疑問がうまれているところに関係代名詞を入れるのです。
　英語では、主語の次に動詞がきていると文なので、もし文になっていれば〈どんな少年〉のところに who を入れることで(2)のようにかたまりに変えることができます。
　そして、はじめから文になっていなければ、このままで関係代名詞を入れなくても(1)のようにかたまりになっていると考えることができるのです。
　このことから、(2)は文に who を入れてかたまりにすればよいことがわかります。一方、(1)はこのままで正しい英語なのです。

ここが大切

最近では **whom の代わりに who** でもよいと習うようですが、本来は次のように考えて who と whom を使い分けていました。
(1) that boy 〈どんな少年〉 I know
(2) that boy 〈どんな少年〉 knows me
この〈どんな少年〉のところに関係代名詞を入れることができるのです。
(1) that boy (　　　　) I know
　　　　　　　　　　　　私が知っている
(2) that boy (　　　　) knows me
　　　　　　　　　　　　私を知っている
どのような疑問がうまれるのかを考えます。

(1)(私が知っている)の場合、〈だれを〉という疑問がうまれるので、whom を入れます。(2)(私を知っている)の場合、〈だれが〉という疑問がうまれるので、who を入れるわけです。

☐(1) **that boy 〈whom〉 I know**
☐(2) **that boy 〈who〉 knows me**

なお、(1)の文は左のページでは関係代名詞を使わない英語になっています。それを関係代名詞を使う英語にしたい場合に who〔whom〕を使うのです。ただし、この **whom は省略しても意味がかわらないので、省略することが多いのです。** (2)の who がないとかたまりではなく、文になるので、この who は省略できません。

確認問題

次の ( ) に適当な単語を入れてください。
(1) 私はあの少年を知っています。(　　) (　　) that boy.
(2) 私が知っているあの少年
　① that boy (　　) I know　② that boy (　　) (　　)
(3) あの少年は私を知っています。That boy (　　) (　　).
(4) 私を知っているあの少年　that boy (　　) (　　) (　　)
(5) 私が知っているあの少年はトニー君です。
　That boy (　　) know (　　) Tony.

解答 (1) I know　(2) ① whom〔who〕② I know　(3) knows me
(4) who knows me　(5) I／is

5 人でも物でもOK —— 関係代名詞 that

関係代名詞の **that** は、**who** や **whom**、**which の代わりに使える**便利な関係代名詞です。

これだけは覚えましょう

that のみを使わなければならないというときもたまにあります。who は前にくる名詞が人のとき、which は物や動物のときに使いますが、**人と動物**がきているときは、**that しか使えません**。ほかに that を使った方がよいといわれているのは、次のような場合です。

- (1) **the tallest boy that I know**
  （私が知っている**一番**背が高い少年）
- (2) **all the money that I have**
  （私が持っている**すべて**のお金）
- (3) **the only money that I have**
  （私が持っている**唯一**のお金）
- (4) **the first boy that came here**
  （ここに来た**最初の**少年）

ここで紹介している英語をよく見ると、「**すべて**」という意味があるか、「**1つしかない**」を表している場合に that を使っていることがわかります。

ここが知りたい

質問 ▶▶ 「1つしかない」ときは that がくるということは「2番目の少年」「最後の少年」のようなときも that がくるということなのですか。
答え ▶▶ その通りです。よくわかりましたね。

- **the second boy that came here**（ここに来た**2番目の**少年）
- **the last boy that came here**（ここに来た**最後の**少年）

ここが大切

テストでは、「すべて」「1つしかない」人と動物が関係代名詞の前にくる場合には、必ず that を答えとするようにしてください。

ただし、実際の英語では、これらの場合も who や which を使うことが多いようです（人と動物の場合は that を使ってください）。

☐ **Tony is the only boy who passed the test.**
（トニー君はそのテストに受かった唯一の少年です）

もっとくわしく

次のように **who が2つ重なりそうな場合**も that を使った方がよいでしょう。

（△　Who is that boy who is running over there?）

○　**Who is that boy that is running over there?**
（あそこで走っているあの少年はだれですか）

確認問題

次の（　）に適当な単語を入れてください。
(1) 私が知っている1番背が高い少年
　　the tallest boy (　　　) (　　　) (　　　)
(2) 私が持っている唯一のお金
　　(　　　) (　　　) money (　　　) (　　　) (　　　)
(3) ここに来た最初の少年
　　the (　　　) boy (　　　) came here

解答　(1) that I know　(2) the only / that I have　(3) first / that

6 長沢式関係代名詞を使って2つの文を1つにする方法

  I have a friend.　　　He speaks English.
 （私にはある友だちがいます）（彼は英語を話します）

このような2つの英文を関係代名詞を使って1つの英文にすることができます。

まずは上の2つの日本文を1つにしてみましょう。

▶ 私には英語を話すある友だちがいます。

下線を引いた部分が、1つの大きなかたまりになっていることがわかります。この<u>かたまりのところが関係代名詞を使って英語にすることができる</u>ところなのです。

▶ （英語を話す）ある友だち

このように考えると（　　）のところが<u>ある友だちの説明</u>であることがわかります。

このことから、<u>ある友だち</u>から始めればよいことがわかります。

次のように考えてください。

▶ <u>ある友だち</u>〈どんな友だち〉英語を話す
 a friend（　　　）speaks English

この（　　）に関係代名詞を入れればよいことがわかります。

speaks English（英語を話す）〈だれが話す〉という疑問がうまれるので、who を入れればよいことがわかります。すると、

▶ <u>私にはいます</u>　　+　　<u>英語を話すある友だち</u>
  I have　　　　　a friend who speaks English.

となるのです。このように関係代名詞を使うと2つの英文を1つにくっつけることができることがわかります。

それでは、もっと簡単に2つの英文を1つにすることができないでしょうか。この公式を利用すればよいのです。

| はじめから　<u>　線　</u>から<u>　線　</u>へ　右の文　左の文 |

2つの英文の<u>左の文の名詞と右の文の代名詞が同じものを表しているところに<u>　　　</u>を引いて、上の公式を使ってくっつける</u>だけで、簡単に1つの英文にすることができます。

公式を実際に使ってみましょう

> はじめから　線　から　線　へ　右の文　左の文

(1) I have a friend.　He speaks English.
　① まずは同じ意味を表す名詞と代名詞に_____を引きます。
　　I have a friend.　He speaks English.
　② 〈はじめから　線　から　線　へ　右の文　左の文〉の公式を使って文を1つにくっつけます。この文の場合、〈左の文〉はありません。
　　I have　a friend　he　speaks English.
　　はじめから　線から　線へ　右の文　　　　左の文
　③ 最後に代名詞 he を関係代名詞 who に変えます。
　　I have a friend who speaks English.
　　(私には英語を話す友だちがいます)

(2) That boy is tall.　He is running.
　① 同じ意味を表す名詞と代名詞に_____を引きます。
　　That boy is tall.　He is running.
　② 〈はじめから　線　から　線　へ　右の文　左の文〉の公式を使って文を1つにくっつけます。この文の場合、〈はじめから〉はありません。
　　That boy　he　is running　is tall.
　　はじめから　線から　線へ　　右の文　　左の文
　③ 最後に代名詞 he を関係代名詞 who に変えます。
　　That boy who is running is tall. (走っているあの少年は背が高い)

確認問題

上の公式を使い、関係代名詞で2つの文を1つにくっつけます。( )に英語を入れましょう。1語とはかぎりません。
She has a piano.　It was made in Japan.
◎同じ意味を表す名詞と代名詞に____を引き、次に〈はじめから　線　から　線　へ　右の文　左の文〉の公式で文を1つにくっつける。
　(　　　　　) a piano (　　　) (　　　　　　　　　　).
　　はじめから　　　線から　　線へ　　　　右の文　　　　　左の文

解答　She has / which / was made in Japan

7　「だれの」という疑問に答える関係代名詞 whose

　関係代名詞の whose と who has と with の関係について説明します。

(1)　黒い髪のあの少年　　　　〈かたまり〉
(2)　黒い髪をしているあの少年　〈かたまり〉

　(1)と(2)のような同じ意味を表すかたまりを英語に変えるとき、次のように考えます。まず上の日本語のかたまりを文にします。

(1)　あの少年の髪は黒いです。　　〈文〉
(2)　あの少年は黒い髪をしています。〈文〉

次に(1)と(2)を英語に直してみます。

(1)　That boy's hair is black.
(2)　That boy has black hair.

その次に That boy 以外のところに下線を引きます。

(1)　That boy's hair is black.
(2)　That boy has black hair.

それから、下線のところを日本語に訳します。

That boy's hair is black.
　　　　　の髪は黒い

That boy has black hair.
　　　　　黒い髪をしています

このように日本語に訳すと、疑問がうまれます。
　どんな疑問がうまれるかを考えて〈だれの〉という疑問がうまれると **whose**、〈だれが〉という疑問がうまれると **who** を that boy の次に入れます。

　すると、右のページのような英語ができます。

(1) That boy's hair is black.
　　　の髪は黒い〈だれの〉

's の代わりに whose を入れてください。

that boy whose hair is black

(2) That boy has black hair.
　　　　黒い髪をしています〈だれが〉

that boy who has black hair

　これでいいのですが、who has を with で書きかえても同じ意味になります。with 〜は「〜を持っている」「〜といっしょに」の意味の前置詞です。

　　that boy with black hair

結局、左ページの日本語のかたまりは、次のような英語になります。
- (1) **that boy whose hair is black**
- (2) (a) **that boy who has black hair**
     (b) **that boy with black hair**

ここで注意していただきたいことは、かたまりを英訳しているので、一番最初の文字は小文字になっていることです。

確認問題

次の（　）に適当な単語を入れてください。
(1) 大きい目のあの少年はトニー君です。
　　That boy (　　) eyes (　　) big is Tony.
(2) 大きい目をしているあの少年はトニー君です。
　① That boy (　　) (　　) big eyes is Tony.
　② That boy (　　) big eyes is Tony.

解答　(1) whose ／ are　(2) ① who has　② with

関係代名詞の省略の決まり文句

コミュニケーションのための**便利**な**英語**

　関係代名詞を省略した表現がよく使われます。決まり文句として覚えておいて機会があるときにぜひ使ってください。
　You are all ● I need.（あなたは私が必要なすべてです）
　●のところに関係代名詞の that が省略されています。この英語は「私が必要なのはあなただけですよ」という意味です。
　Is that all ● you have to say?
　（あなたがいいたいのはそれだけですか）
　「それがあなたがいいたいすべてなのですか」という意味がもとの意味です。
　That's all ● I know.（私はそれだけしか知りません）
　「それが私が知っているすべてです」がもとの意味です。
　That's the only thing ● I know.（私はそれだけしか知りません）
　「それが私が知っている唯一のことです」がもとの意味です。

「あなたに似た人」

コミュニケーションのための**便利**な**英語**

　someone を人という意味で使うと次のようなことがいえます。
　I know someone (that) you like.
　（私はあなたが好きな人を知っていますよ）
　I know someone who likes you.
　（私はあなたを好きな人を知っていますよ）
　You look like someone (that) I know.
　（あなたは私が知っている人によく似ています）
　I know someone who looks like you.
　（私はあなたによく似た人を知っていますよ）

　熟語 look like～　～に似ている

12章　5文型

　英語では、動詞によってどのようなタイプをとるかが初めから決まっています。大きく分けると5つのパターンに分かれていると考えることができます。1番簡単な文のパターンを第1文型といい、1番複雑な文のパターンを第5文型と呼んでいます。つまり、この5つの文型さえ覚えておけば、日本文を正確に英語に直すことができるだけではなく、英語を日本語に訳すのがとても簡単になるので、しっかり覚えておいていただきたいのです。

1. 疑問がうまれない第1文型
2. 文を補う言葉が必要な第2文型
3. 〈何を〉という疑問がうまれる第3文型
4. 人に物を〜する第4文型
5. 第3＋第2＝第5文型

- "Call me …" は第何文型？
- 使える call

1　疑問がうまれない第1文型

　英語の文には、パターンがあります。このパターンは大きく分けると、大体5つに分かれます。このパターンと深い関係にあるのが、動詞です。ひとつひとつの動詞は、どのように使うかがはじめから決まっているのです。動詞の代わりをする be 動詞＋名詞や、be 動詞＋形容詞もこの5つのパターンに含まれています。中学英語では5文型というようには習っていないかも知れませんが、主語＋動詞＋名詞のようにして習っているはずです。

　この5文型は知っていると、とても便利なのです。「どのようにすると、正しい英文を作ることができるのか」や「どのように訳せば自然な日本語訳にすることができるのか」がわかるからです。

　この5文型は、1番簡単な文のパターンを**第1文型**とし、1番複雑なパターンを**第5文型**としています。

　それではまず第1文型から話を進めていきたいと思います。1番簡単な文のパターンは、次のようなものがあります。

◆第1文型◆
- □私は歩く。　　　　　　　I walk.
- □私は速く歩く。　　　　　I walk fast.
- □私はここで歩く。　　　　I walk here.
- □私はその公園で歩く。　　I walk in the park.

　この4つの例は第1文型と考えることができるものです。この文型で大切なことは、〈何を〉という疑問がうまれないことです。

　主語＋動詞、つまり I walk. **だけで完全な意味がわかるものを第1文型**と呼んでいます。なお、fast や here, in the park については次のページで説明します。

ここが知りたい

質問 ▶▶ なぜ、I walk fast. や I walk in the park. などのように複雑に見えるものでも第1文型なのですか。

答え ▶▶ 第1文型とは、主語＋動詞. だけで意味がわかるパターンのことです。

I walk fast. も I walk in the park. も I walk here. も fast などを手で隠しても意味がわかるので、第1文型であると考えることができるのです。

つまり、fast(速く)、in the park(その公園で)、here(ここで)は付け加えの言葉なのです。

文法用語でいうと fast や here は**副詞**で、in the park は**副詞句**なのです。英語では、前置詞＋名詞(句)＝副詞句と考えることができます。

```
in   the park （その公園で） = here （ここで）
前置詞 ＋ 名詞(句)              =  副詞
 =〈副詞句〉
```

Link 副詞 ➡ P.66

確認問題

次の（ ）に適当な日本語を入れて文を完成させてください。

◎第1文型とは、①(　　　　　) ＋ ②(　　　　　　)だけで意味がわかるパターンのことです。

たとえば、I run fast. の fast は付け加えとして使われています。このように付け加えとして使われている単語を ③(　　　　　)といいます。また、I run in the park. の in ＋ the park のように ④(　　　　　) ＋ ⑤(　　　　　)のようになっているときは、⑥(　　　　　)と呼んでいます。

解答 ① 主語 ② 動詞 ③ 副詞 ④ 前置詞 ⑤ 名詞(句) ⑥ 副詞句

2 文を補う言葉が必要な第2文型

◆第2文型◆
　第1文型は、主語＋動詞．で意味がわかるものでしたが、**第2文型**は、**主語＋be動詞＋形容詞〔名詞（句）〕．**か、**主語＋be動詞の代わりに使える動詞＋形容詞〔名詞（句）〕．**と考えることができます。

☐ **I am busy.**（私はいそがしい）
☐ **I am a teacher.**（私は先生です）
☐ **I became a teacher.**（私は先生になった）
☐ **You look busy.**（あなたはいそがしそうですね）
☐ **This apple is good.**（このリンゴはおいしい）
☐ **This apple tastes good.**（このリンゴはおいしい味がします）
☐ **This ball is soft.**（このボールはやわらかい）
☐ **I am cold.**（私は寒い）
☐ **I feel cold.**（私は寒い感じがします）
☐ **This peach is sweet.**（この桃はあまい）
☐ **This peach tastes sweet.**（この桃はあまい味がします）
☐ **This peach smells sweet.**（この桃はあまい香りがします）

　解説します。
　これらの例文は、すべて第2文型です。
　This peach is sweet.（この桃はあまい）を例にとって考えたいと思います。
　This peach is で意味がわかりますか。わかりませんよね。そこで sweet（あまい）という単語を補（おぎな）います。すると、よく意味のわかる英文になります。つまり、主語＋be動詞＋形容詞．にすることで意味がわかるようになるわけです。この形容詞のところにくる言葉を**補語（補う言葉）**と呼んでいます。
　もちろん、形容詞の代わりに名詞（句）がきても、同じように補語の働きをしていると考えることができます。そして、is の代わりに tastes（～の味がする）という動詞がくることもあるのです。

ここが大切

第2文型は、**主語＋ be 動詞〔動詞〕＋補語.** になります。

これだけは覚えましょう

動詞の働きには、**自動詞**と**他動詞**があります。自動詞には、**完全自動詞**と**不完全自動詞**があります。
第1文型で使われたのは、主語＋完全自動詞（＋副詞句）. です。
第2文型で使われているのは、主語＋不完全自動詞＋補語. です。

ここが知りたい

質問▶▶　自動詞と他動詞の違いについて教えてください。
答え▶▶　〈何を〉という疑問がうまれると他動詞で、うまれなければ自動詞です。

もっとくわしく

質問▶▶　完全自動詞と、不完全自動詞について教えてください。
答え▶▶　意味が完全にわかる動詞の場合は、完全自動詞です。もし意味がわからなければ次に補いの言葉が必要になります。このような動詞を不完全自動詞といいます。

☐ I <u>run</u>.（私は走る）
　　 完全自動詞

☐ I <u>became</u> a teacher．（私は先生になった）
　　 不完全自動詞

Link　自動詞と他動詞　➡　P.82

※第2文型の問題は186ページにあります。

3 〈何を〉という疑問がうまれる第3文型

◆第3文型◆

第3文型とは1番わかりやすい文型です。

なぜならば、主語＋動詞を置いたときに〈何を〉という疑問がうまれたら、その動詞は第3文型で使われることがわかるからです。

次の日本語を英語に直してみましょう。

(1) 私はあの少年を知っています。
(2) 私は自転車を1台持っています。
(3) 私は自転車を1台買った。
(4) トニー君は英語を話します。

☐(1) 私は知っています 〈だれを〉 あの少年を
  I know   that boy.

☐(2) 私は持っています 〈何を〉 1台の自転車を
  I have   a bike.

☐(3) 私は買った 〈何を〉 1台の自転車を
  I bought   a bike.

☐(4) トニー君は話します 〈何を〉 英語を
  Tony speaks English.

この文型でも、付け加えの言葉〔副詞(句)〕が後ろにくることがあります。

ただし付け加えの言葉は、文型の判断にはないものとして考えていいので、第3文型と考えます。

▶ 私は昨日1台の自転車を買った。
＝私は買った〈何を〉1台の自転車を＋昨日
 ☐ **I bought a bike ＋ yesterday.**
        副詞

▶ トニー君はとてもじょうずに英語を話す。
＝トニー君は話す〈何を〉英語を＋とてもじょうずに
 ☐ **Tony speaks English ＋ very well.**
         副詞句

これだけは覚えましょう

第3文型は〈何を〉〈だれを〉〈何と〉〈だれと〉という疑問がうまれていて、動詞の次に直接、名詞がくる文です。その名詞のことを、**目的語**と呼びます。

中学では、第3文型を**主語＋動詞＋目的語.**というパターンとして習います。

ここを間違える

次の2つの文の違いに注意しましょう。

▶ 私はトニー君と遊ぶ。
＝私は遊ぶ ＋ トニー君と

☐ I play　　with Tony.
　主語 動詞　　前置詞＋名詞 〈第1文型〉
　　　　　　　〈副詞句〉

with Tony が、〈前置詞＋名詞〉で副詞句（付け加えの言葉）なので、この文は I play.（私は遊ぶ）、つまり主語＋動詞.だけで意味がよくわかる第1文型となります。

▶ 私は佐知子と結婚した。
＝私は〜と結婚した＋佐知子

☐ I married　　Sachiko.
　主語 動詞　　　名詞　〈第3文型〉

この married という単語は〜と結婚したという単語なので、動詞の後ろに直接名詞がきています。ですから、この文は主語＋動詞＋名詞.と考えて、第3文型となります。

※第3文型の問題は186ページにあります。

4 人に物を〜する第4文型

◆第4文型◆
　第4文型は、**主語＋動詞＋名詞＋名詞**．のパターンを取ります。このパターンを次のように習うのが普通です。
　　主語＋動詞＋目的語＋目的語．
　日本語を英語に直すときに、**〜にと〜を**がきているときは、この文のパターンを使って英語に直すことができます。
（1）　私はトニー君に私のペンをあげた。
（2）　あなたは私にあなたのペンをくれた。
（3）　私は彼女に私の本を見せた。
（4）　私の父は私にこの本を買ってくれた。
（5）　トニー先生は私たちに英語を教えています。

□(1)　私はあげた〈だれに〉トニー君に〈何を〉私のペンを
　　　I　gave　　　　Tony　　　　my　pen.
□(2)　あなたはくれた〈だれに〉私に〈何を〉あなたのペンを
　　　You　gave　　　me　　　your　pen.
□(3)　私は見せた〈だれに〉彼女に〈何を〉私の本を
　　　I　showed　　　her　　my　book.
□(4)　私の父は買ってくれた〈だれに〉私に〈何を〉この本を
　　　My　father　bought　　me　　this　book.
□(5)　トニー先生は教えています〈だれに〉私たちに〈何を〉英語を
　　　Tony teaches　　　　us　　　English.

これだけは覚えましょう

　後ろに〜にと〜をがくる動詞はほとんどこのパターンで使われます。
　この文型では、〈だれに〉と〈何を〉という疑問がうまれるとき、必ず、**〈人に＋物を〉**の順番で並べることが大切なのです。
　　I gave Tony my pen.
　　　　　　人に　　物を

ここを間違える

▶ 私はあなたに英語を教えます。
　□ I teach you English.
　　　　　人　　物

先ほどは〈人＋物〉の順番にといいましたが、この英語を次のように書きかえることもできます。
　□ **I teach English to you.**
　　　　　　　物　　　　人

このように**物が先にくると、〈to＋人〉のようにしなければならない**のです。そして、この文は、**第3文型**になります。
その理由は、

　I　teach　English　＋　to　you.
　主語　動詞　目的語　　　前置詞＋(代)名詞
　　　　　　　　　　　　　　〈副詞句〉

前置詞＋(代)名詞＝副詞句なので、付け加えと考えます。
I teach English.(私は英語を教える)だけで意味がわかるので、第3文型
主語＋動詞＋目的語. になるのです。

もっとくわしく

次の動詞は〈物＋人〉にするとき、toではなく**for**を使います。**forを使う動詞は、「～してあげる」のように訳す**ことができる動詞だと覚えておきましょう。
　□ **get**（～を手に入れる）　□ **buy**（～を買う）
　□ **make**（～を作る）　　　□ **cook**（～を料理する）

□私はあなたにこの本を**買ってあげた**。
　{ I bought you this book.
　　　　　　人　　物
　I bought this book for you.
　　　　　　　物　　　　人

□私はトニー君に夕食を料理してあげた。
　I cooked dinner for Tony.
　　　　　　物　　　　人

※第4文型の問題は187ページにあります。

5 第3＋第2＝第5文型

◆第5文型◆
第5文型は第3文型＋第2文型と考えてください。

I paint the wall.　　〈第3文型〉（私はその壁を塗る）

The wall is white.　　〈第2文型〉（その壁は白い）

＋
― ―
□ **I paint the wall white.**　〈第5文型〉（私はその壁を白く塗る）
　主語＋　動詞　＋　　名詞　　＋　形容詞

I named this dog.　　〈第3文型〉（私はこのイヌを名づけた）

This dog is Rex.　　〈第2文型〉（このイヌはレックスです）

＋
― ―
□ **I named this dog Rex.**　〈第5文型〉（私はこのイヌをレックスと名づけた）
　主語＋　動詞　＋　　名詞　　＋　名詞

　この2つのパターンで大切なのは、**名詞**(the wall)＝**形容詞**(white)や**名詞**(this dog)＝**名詞**(Rex)となっていることです。
　この場合の＝の次の形容詞と名詞はどちらも意味を補うために置かれた単語なので、**補語**と呼んでいます。
　つまり、**第5文型は、主語＋動詞＋目的語＋補語.** というパターンでできていることがわかります。

これだけは覚えましょう

　このパターンで使われる動詞は、次のようなものがあります。
□ **keep A B**［キープ］　　AをBの状態に保つ
□ **call A B**［コーオ］　　AをBと呼ぶ
□ **make A B**［メーィク］　AをBの状態にする

ここが大切

高校では五文型を次のように習います。

主語のことを　　S
動詞のことを　　V
補語のことを　　C
目的語のことを　O

- (1) **I run.**
  主語＋動詞　〈第1文型〉
  (S) ＋ (V)

- (2) **I am busy.**
  主語＋動詞　＋　補語　〈第2文型〉
  (S) ＋ (V) ＋ (C)

- (3) **I teach English.**
  主語　＋　動詞　＋　目的語　〈第3文型〉
  (S) ＋ (V) ＋ (O)

- (4) **I teach you English.**
  主語　＋　動詞　＋　目的語　＋　目的語　〈第4文型〉
  (S) ＋ (V) ＋ (O) ＋ (O)

- (5) **I paint the wall white.**
  主語　＋　動詞　＋　目的語　＋　補語　〈第5文型〉
  (S) ＋ (V) ＋ (O) ＋ (C)

ここを間違える

- **I teach you English.** 〈第4文型〉
  　　　名詞　＋　名詞
  　　　(人　＋　物)

- **I named this dog Rex.** 〈第5文型〉
  　　　　　　名詞　＋　名詞
  　　　　　　(名詞　＝　名詞)

このように、名詞＋名詞となっていた場合の見分け方は、**第4文型は人＋物のようになっているとき、第5文型は名詞＝名詞と考えると、意味がよくわかるとき**です。

※第5文型の問題は187ページにあります。

確認問題 〔2 第2文型 178ページ〕

次の（ ）に適当な日本語を入れて文を完成させてください。
◎ I am は〈主語＋①（　　　　）〉になります。これだけで意味が完全にわかると、第1文型なのですが、意味がよくわからないので、補いの言葉にあたる単語、つまり②（　　　　）を am の次に置きます。たとえば I am busy. の場合、「私はいそがしい」という意味になり、英文が完全にわかるのです。このような文型を第③（　　　　）といいます。

同じように I feel（私は感じる）という英語があっても、これだけでは完全には意味がわからないことから、たとえば cold（寒い）という単語を I feel の次に置くと I feel cold. で文が完成するので、cold が文の④（　　　　）になっていることがわかります。

解答 ① be 動詞 ② 補語 ③ 2文型 ④ 補語

確認問題 〔3 第3文型 180ページ〕

次の（ ）に適当な日本語を入れて文を完成させてください。
◎〈主語＋①（　　　　）〉を置いたときに、〈②（　　　　）〉という疑問がうまれたら、その③（　　　　）は第④（　　　　）で使われる動詞です。

I bought a bike yesterday. という文なら、I bought が〈主語＋⑤（　　　　）〉で「私は買った」という意味を表していることから、ここで〈⑥（　　　　）〉という疑問がうまれます。つまり、この英文は I bought a bike. で意味がわかるということです。なお、yesterday は付け加えの⑦（　　　　）と考えられます。

解答 ① 動詞 ② 何を ③ 動詞 ④ 3文型 ⑤ 動詞 ⑥ 何を ⑦ 副詞

確認問題 〔4 第4文型 182ページ〕

次の（ ）に適当な日本語を入れて文を完成させてください。
◎〈主語＋動詞＋①（　　　　）＋②（　　　　）.〉のパターンを取るときは第③（　　　　）と考えることができます。

たとえば「私はトニー君に私のペンをあげた」という日本語を英語に直したいときは、次の点に注意してください。まず、名詞が2つあるかをチェックします。「トニー君」と「私のペン」が名詞と名詞(句)なので、第④（　　　　）であることがわかります。なお、この2つの名詞は〈⑤（　　　　）＋⑥（　　　　）〉の順で並べると正しい英文にすることができます。

解答 ① 名詞 ② 名詞 ③ 4文型 ④ 4文型 ⑤ 人 ⑥ 物

確認問題 〔5 第5文型 184ページ〕

次の（ ）に適当な日本語を入れて文を完成させてください。
◎I paint the wall. はI paintで「私は塗る」という意味なので、〈何を〉という疑問がうまれることから、第①（　　　　）であることがわかります。The wall is white. はThe wall is 〜で「その壁は〜です」となり、これだけでは意味がわからないので、第②（　　　　）と考えることができます。

さて、ここからが大切なのですがI paint the wall. とThe wall is white. をたして、1つにした英文がI paint the wall white. なのです。1つめの英文が第③（　　　　）、2つめが第④（　　　　）なので、この2つをたすと第⑤（　　　　）となるのです。

解答 ① 3文型 ② 2文型 ③ 3文型 ④ 2文型 ⑤ 5文型

"Call me ..." は第何文型？

コミュニケーションのための
便利な英語

次の英文はとても間違いやすいので注意してください。
(1)　Call me a taxi.（私にタクシーを呼んでください）
(2)　Call me Tony.（私をトニーと呼んでください）

(1)　動詞＋目的語＋目的語.〈第4文型〉
　　　目的語＝目的語にならないときは、第4文型です。
　　　me＝a taxi にはなりませんね。
(2)　動詞＋目的語＋補語〈第5文型〉
　　　me＝Tony のことなので、第5文型なのです。

発音　taxi〔テァクスィ〕

使える call

コミュニケーションのための
便利な英語

Call me Tony.（私をトニーと呼んで）という表現のパターンをそのまま使った便利な表現があります。ぜひ覚えてください。
(1)　I don't call that fair.（それはフェアー〔公平〕ではないよ）
　　　解説　「私はそれを公平と呼ばない」から「不公平だ」の意味になる。
(2)　Let's call a spade a spade.（はっきりいいましょう）
　　　解説　「すきをすき〔スペードをスペード〕と呼ぶ」という意味から「はっきりいう」。
(3)　Don't call me names.（私の悪口をいうな）
　　　解説　この name は「悪いあだ名」のことです。
(4)　Let's call it a day.（今日はこの辺で切り上げましょう）
　　　解説　「それを1日と呼ぶ」から「切り上げる」。

発音　spade〔スペーィドゥ〕

13章　付加疑問文そのほか

　ここでは、これだけは知っておいてほしいと思う文のパターンをのせています。英語では内容的には疑問文と考えられる「間接疑問文」「〜ですね」を表す付加疑問文などがあります。このほかにも「so 〜 that − can't 構文」、「too 〜 to 構文」などがあります。形は違いますが、この2つの構文は同じ意味を表します。

1　付加疑問文 ── 英文にひそむ否定＋疑問
2　特別な付加疑問文
3　間接疑問文 ── 英文の中に入った疑問文
4　too 〜 to 構文と so 〜 that − can't 構文の書きかえ
5　ask〔tell〕… to 〜

- 英語の短縮形
- 間接疑問なひとり言

1 付加疑問文 —— 英文にひそむ否定＋疑問

疑問文という言い方をよくしますが、実際には、いろいろな疑問文があります。

▶ **肯定疑問文**（普通の疑問文）〜ですか。
▶ **否定疑問文**（否定文を疑問文にしたもの）〜ではないですか。
▶ **付加疑問文**（肯定疑問文と否定疑問文がまじったような疑問文）
　　　　　〜ですね。　〜ではないですね。

ここでは、付加疑問文を理解してもらうために、まず(a)肯定文、(b)否定文、(c)否定疑問文、(d)疑問文の復習をしてから、付加疑問文を作りたいと思います。

(a)　That boy speaks English.〈肯定文〉（あの少年は英語を話します）
(b)　That boy doesn't speak English.〈否定文〉（あの少年は英語を話しません）
(c)　Doesn't he speak English?〈否定疑問文〉（彼は英語を話しませんか）
(d)　Does he speak English?〈疑問文〉（彼は英語を話しますか）

この英文のうち、(a)と(c)をたします。すると付加疑問文になります。
　That boy speaks English.（英語を話します）
＋ Doesn't he speak English?
☐ **That boy speaks English, doesn't he?**
　（あの少年は英語を**話しますよね**）

次のような付加疑問文もあります。こちらは(b)と(d)をたします。
　That boy doesn't speak English.（英語を話しません）
＋ Does he speak English?
☐ **That boy doesn't speak English, does he?**
　（あの少年は英語を**話しませんよね**）

長沢式 付加疑問文の公式

「**付加疑問文は〈否定疑問〉**」と覚えましょう。
付加疑問文では、「**英文のどこかに否定と疑問**」がきていなければならないのです。

(1) **,** の前に否定文がなければ **,** の後ろは**否定疑問**文の短縮形がきます。
  □ That boy swims, **doesn't** he?
     　肯定文　　　　　否定疑問文

(2) **,** の前が**否定**文なら **,** の後ろに普通の**疑問**文がきます。
  □ That boy **doesn't** swim, does he?
     　　　　否定文　　　　　　疑問文

ここを間違える

□○ **This book is hers, isn't it?**
　(× This book is hers, is not it?)
「**, の後ろが否定疑問の形のときはいつも短縮形**」になります。

□○ **Tony is tall, isn't he?**
　(× Tony is tall, isn't Tony?)
「**, の後ろは代名詞**」になります。　**Link** 英語の短縮形 ⇒ P.200

確認問題

次の（　）に適当な単語を入れてください。
(1) 今日はよい天気ですね。
　　It's a nice day today, (　　　) (　　　)?
(2) トニー君は英語を話しますよね。
　　Tony speaks English, (　　　) (　　　)?
(3) あなたは先生じゃないですよね。
　　You aren't a teacher, (　　　) (　　　)?
(4) あなたはネコを飼っていませんよね。
　　You don't have a cat, (　　　) (　　　)?

解答 (1) isn't it (2) doesn't he (3) are you (4) do you

2 特別な付加疑問文

付加疑問文には、特別な用法が2つあります。決まり文句として丸暗記してください。いくら丸暗記といっても、成り立ちだけはしっかり知っておきましょう。

Let's run.（走りましょう）
+ Shall we run?
☐ **Let's run, shall we?**（走りませんか）
Let's から始まっているときは、いつも shall we を最後につけます。

Open the window.（窓を開けて）
+ Will you open the window?
☐ **Open the window, will you?**（窓を開けてくれませんか）
命令文のときは、いつも will you を最後につけます。

ここが知りたい

質問▶▶ 付加疑問文に対する答え方はどういえばよいのですか。
答え▶▶ よい質問ですね。
☐(1) Let's run, shall we? の場合は
  ― Yes, let's.
  ― No, let's not.
☐(2) Open the window, will you? の場合は
  ― Yes, I will.
  ― No, I won't.
  つまり、基本的には普通の疑問文の答えと同じと考えてください。
 won't は will not の短縮形です。
☐(3) That boy swims, doesn't he?（あの少年は泳ぎますよね）の場合も
  ― Yes, he does.
  ― No, he doesn't.

ここが大切

付加疑問文の読み方には2つのパターンがあります。
(1) いっていることに自信がある場合は、最後を下げます（↘）。
(2) もし、自信がない場合には、疑問文と同じように最後を軽く上げます（↗）。

もっとくわしく

そのほかにも付加疑問文には、いろいろな文法を取り入れた文がありますが、パターンはすべて同じです。

☐ **You went to Tokyo, didn't you?** 〈過去形〉
（あなたは東京へ行きましたよね）
☐ **You can't swim, can you?** 〈助動詞 can〉
（あなたは泳げませんよね）
☐ **There is some milk, isn't there?** 〈There is〉
（ミルクがすこしありますよね）
☐ **You have seen Mt. Fuji, haven't you?** 〈現在完了〉
（あなたは富士山を見たことがありますよね）

確認問題

次の（　）に適当な単語を入れてください。
(1) 走りませんか。
　　Let's run, (　　) (　　)?
(2) 英語で話してくれませんか。
　　Speak in English, (　　) (　　)?
(3) あなたは富士山を見たことがありませんよね。
　　You haven't seen Mt. Fuji, (　　) (　　)?
(4) 窓を開けてくれませんか。
　　Open the window, (　　) (　　)?

解答 (1) shall we (2) will you (3) have you (4) will you

3 間接疑問文 —— 英文の中に入った疑問文

　英語を学びはじめた頃に習う疑問文を、かりに直接疑問文とすれば、直接ではない疑問文のことを**間接疑問文**と考えることができます。
　それではもう少しくわしく考えてみることにします。普通の疑問文は、パッと見てすぐに疑問文であるということがわかるのですが、間接疑問文は、もともと疑問文であったものが、１つの英文の中に肯定文（普通の文）として姿を変えていることがあるのです。

(1)　<u>I know</u>　＋　<u>How old is this dog?</u>
　　　私は知っています　　　このイヌは何歳ですか

(2)　<u>Do you know</u>　＋　<u>Where does Tony live?</u>
　　　あなたは知っていますか　　　トニー君はどこに住んでいますか

　この２つの例で考えてみたいと思います。このままでは、何か変な英語であるように思いませんか。この２つの英文のどこがおかしいかを考えてみましょう。
　(1)　私は知っています〈何を〉
　(2)　あなたは知っていますか〈何を〉

〈何を〉という疑問がうまれていることから、I know や Do you know の次には１つの大きなかたまり（名詞の働きをする言葉）がこなければ、不自然であるということがわかります。そこで、これらの疑問文を肯定文と同じ並べ方（疑問詞＋主語＋動詞）にするのです。そうすると、次のような意味になります。

　How old is this dog?　➡　how old this dog is
　（このイヌは何歳ですか）　　（このイヌが何歳であるかということ）
　Where does Tony live?　➡　where Tony lives
　（トニー君はどこに住んでいますか）　（トニー君がどこに住んでいるかということ）

そして、並べかえた英文を前の文とつなげると完成です。

(1) I know ＋ How old is this dog?
　　　　　⬇
□ **I know how old this dog is.**
（私はこのイヌが何歳であるか知っています）

(2) Do you know ＋ Where does Tony live?
　　　　　⬇
□ **Do you know where Tony lives?**
（あなたはトニー君がどこに住んでいるか知っていますか）

ここを間違える

Who（だれが）　**likes**（好きですか）　**Tony?**（トニー君を）〈疑問文〉
Judy（ジュディーさんが）　likes（好きです）　Tony.（トニー君を）〈普通の文〉

このように「～が」で始まる疑問詞のついた疑問文のときは、文の並べ方が**はじめから、普通の文の並べ方と同じ**なので、このままでも1つの大きいかたまり（名詞の働きをする言葉）になっているのです。

このような文では**並べかえをしなくても**、完全な間接疑問文を作ることができます。

□ **I know who likes Tony.**
（私はだれがトニー君を好きかということを知っています）

確認問題

次の2つの英語を1つの英文にしてください。
(1) I know ＋ Where does Tony live?

(2) I know ＋ Who likes Tony?
　　　　　（だれがトニー君を好きですか）

解答 (1) I know where Tony lives. (2) I know who likes Tony.

4 too ~ to 構文と so ~ that − can't 構文の書きかえ

　同じ意味を何種類かの言い方で書きかえることができます。この言いかえこそが、英検などの試験でよくねらわれるのです。
　まずは、too と so を使ったパターンについて考えてみることにします。
▶ **too**（〜しすぎて無理です）
▶ **so**（とても〜）
　たとえば、次のような文があるとします。
　I am too tired.（私はつかれすぎていて無理です）
　I am so tired.（私はとてもつかれています）
　この２つの英文は次のようにするとまったく同じ意味になります。

☐ **I am too tired to study.**
　　私はつかれすぎていて無理です　〈何が〉　勉強すること

☐ **I am so tired that I can't study.**
　　私はとてもつかれています　（そういうことで）私は勉強できません

　つまり、**too ~ to** と **so ~ that − can't ...** は同じ意味を表し、書きかえ可能なのです。なお、so ~ that − can't ... は前の動詞が過去形になると can't が couldn't になります。

　発音　too［トゥー］ so［ソーゥ］ tired［ターィアドゥ］

ここを間違える

☐ **This book was too hard for me to read.**
　　この本はむずかしすぎて無理でした　〈何が〉　私にとって読むこと

☐ **This book was so hard that I couldn't read it.**
　　この本はとてもむずかしかった　（そういうことで）私はそれを読めませんでした

　that の次には完全な英文を置かなければいけないので、it を必ずつけなければならないのです。

ここが知りたい

質問▶▶ なぜ、This book was too hard for me to read. の文では、read の次に it が入っていないのですか。

答え▶▶ よい質問ですね。

次のように考えてください。

<u>For me to read</u>　<u>this book</u>
　私にとっては読むこと　〈何を〉　この本を

<u>was too hard.</u>
　むずかしすぎて無理でした。

のようにすることができるので、it を入れる必要がないのです。
それに対して、

<u>This book was so hard</u>　<u>that I couldn't read it.</u>
　この本はとてもむずかしかった　（そういうことで）私はそれを読めませんでした

は2つの完全な英文が that でくっつけられているので、it が必要なのです。

確認問題

次の（　）に適当な単語を入れて日本語と同じ意味にしてください。
(1) 私はつかれすぎて歩けません。
　① I am (　　) tired (　　) walk.
　② I am (　　) tired (　　) I (　　) walk.
(2) この本は私にとってはむずかしすぎて読めません。
　① This book is (　　) hard (　　) (　　) (　　) read.
　② This book is (　　) hard (　　) I can't read (　　).

解答 (1) ① too／to　② so／that／can't
　　　 (2) ① too／for me to　② so／that／it

5 ask〔tell〕... to ～

英語には、次のような2つのパターンで同じ意味を表す表現があります。これは、このまま覚えておいてください。

〔パターン1〕

My father told me to study.
（私の父は私に勉強しなさいと言った）

My father said to me, "Study."
（私の父は私に言った。「勉強しなさい」）

〔パターン2〕

I asked my father to stay home.
（私は私の父に家にいてくれるように頼んだ）

I said to my father, "Please stay home."
（私は私の父に言った。「家にいてください」）

ようするに、**相手が言った言葉を文の中に組み込んでしまうか、それとも「　」（英文では"　"）に入れて、そのまま使うか**の違いです。

発音　said [セッドゥ]　asked [エァスクトゥ]　stay [ステーィ]　home [ホーゥム]

これだけは覚えましょう

I want to stay here.（私はここにいたい）
私　　　　私

☐ **I want you to stay here.**　（私はあなたにここにいてもらいたい）
　私　　　　あなた

上の文では「ここにいる」のは「私」。下の文では「ここにいる」のは「あなた」。つまり、**不定詞の動作を行う人と主語が一致していません。**

もっとくわしく

I want you to stay here.（私はあなたにここにいてもらいたい）を **I would〔I'd〕like to 〜**を使って、ていねいにいうことができます。
□ **I'd like you to stay here.**（私はあなたにここにいていただきたい）
また、**wish to 〜**を使って、ほぼ同じ意味を表せます。
□ **I wish you to stay here.**（私はあなたにここにいてほしい）

ここを間違える

▶ 〈動詞＋人＋ to 不定詞〉（人に〜するように言う。人に〜してくれるように頼む。人に〜してほしい。）

このパターンで使われる **ask**, **tell**, **want**, **'d like** はとてもよく使われるので、しっかり覚えておいてください。

もし、否定の言葉が入っているときは、何を否定しているのかを注意してください。not to 〜では、不定詞自体を否定しています。
□ **I didn't tell** him to study.（私は彼に勉強しなさい**と言わなかった**）
□ I told him **not to study**.（私は彼に**勉強しないで**と言った）

確認問題

次の（　）に適当な単語を入れて日本語と同じ意味になるようにしてください。
(1) 私の母は私に「勉強しなさい」と言った。
　① My mother (　　　) (　　　) me, "(　　　)."
　② My mother (　　　) (　　　) (　　　) (　　　).
(2) 私は彼女に「夕食を作ってください」と言った。
　① I (　　　) (　　　) her, "(　　　) cook dinner."
　② I (　　　) her (　　　) (　　　) dinner.
(3) 私はあなたに勉強してもらいたい。
　I (　　　) you (　　　) study.

解答 (1) ① said to／Study ② told me to study
(2) ① said to／Please ② asked／to cook
(3) want〔wish〕／to

英語の短縮形

コミュニケーションのための
便利な英語

英語には短縮形があります。会話では特によく使われます。

do not = don't	does not = doesn't	did not=didn't
will not = won't	is not = isn't	are not = aren't
has not = hasn't	must not = mustn't	It is = It's
He is = He's	She is = She's	I am = I'm
You are = You're	They are = They're	We are = We're

発音　don't [ドゥーントゥ]　doesn't [ダズントゥ]　didn't [ディドゥントゥ]
　　　won't [ウォーゥントゥ]　isn't [イズントゥ]　aren't [アーントゥ]
　　　hasn't [ヘァズントゥ]　mustn't [マスントゥ]　It's [イッツ]
　　　He's [ヒズ]　She's [シーズ]　I'm [アーィム]　You're [ユア]
　　　They're [ゼァァ]　We're [ウィーア]

間接疑問なひとり言

コミュニケーションのための
便利な英語

I wonder(〜かなあ)はひとり言をいうときに便利な表現です。

I wonder if it is raining.
（雨が降っているのかなあ）
I wonder ＋ Is it raining?　（もとの文）

I wonder what's keeping Tony.
（トニー君はなぜおそいのかなあ）
I wonder ＋ What's keeping Tony?　（もとの文）

単語　wonder [ワンダァ] 〜かなと思う　　keep [キープ] 〜を引きとめる

14章　英語の文の作り方

　ここでは、日本語と英語の並べ方がどのように違うかを説明しています。この考え方さえ理解していただければ、大体の日本語を英語に直すことができるようになります。ただし、「おおまかな並べ方については」という条件がつきます。つまり、〈この考え方〉＋〈1章から13章までの文法〉をマスターすれば、中学英語は完全になるということです。

1 英語の文の作り方のコツ①
2 英語の文の作り方のコツ②
3 英語の文の作り方のコツ③

1　英語の文の作り方のコツ①

　英語は、日本語とかなり違っているので、しっかりと英語の文の作り方を理解しておく必要があります。

◆文の作り方の公式１——大切な語を先に◆
　英語は動詞を大切にしますが、日本語は名詞を大切にします。そして、どちらも大切な語を先に置きます。この公式を使うと英語の並べ方がわかります。

　　英語　を話す　〈日本語の順序〉
　　(1)　 (2)

　　英語　を話す　〈英語の順序〉　➡　**speak**　English
　　(2)　 (1)　　　　　　　　　　　　(1)　　　(2)

◆文の作り方の公式２——疑問がうまれる単語を先に◆
　英語は、疑問がうまれる単語を先に置きます。すると、疑問がうまれます。そして、その疑問に答えます。この考え方を繰り返すことで正しい英文ができます。

　　トニー君　といっしょに　〈日本語の順序〉
　　(1)　　　 (2)

　　トニー君　といっしょに　〈英語の順序〉　➡　**with**　Tony
　　(2)　　　 (1)　　　　　　　　　　　　　　 (1)　　(2)

この考え方が正しいかをチェックします。
「といっしょに〈だれといっしょに〉トニー君」
といっしょにを先に置くと〈だれといっしょに〉という疑問がうまれます。このことから、この並べ方が正しいということがわかります。

　　じょうずに　英語　を話す　〈日本語の順序〉
　　(1)　　　　(2)　 (3)

　　じょうずに　英語　を話す　〈英語の順序〉　➡　**speak**　English　well
　　(3)　　　　(2)　 (1)　　　　　　　　　　　　 (1)　　　(2)　　　(3)

この並べ方が正しいかをチェックします。
「話す〈何を〉英語〈どのように〉じょうずに」
このことから、この並べ方が正しいということがわかります。

ここが大切

日本語は、文の最後まで読まないと、意味がはっきりとわかりませんが、**英語では、一番いいたいことを初めに持ってくるので、すぐに意味がわかります。**

「私は昨日東京に行きませんでした」
一番いいたいことは「行きませんでした」なので、最後まで読まないと「行った」か「行かなかった」かがわからないのです。
それに対して、英語ではこのように並べます。

I didn't go ＋ to Tokyo ＋ yesterday.
私は行きませんでした　　　東京に　　　　昨日

すぐに「行かなかった」ということがわかります。

確認問題

次の（　）に適当な単語を入れてください。
(1) 私は英語を毎日勉強する。
　I (　　　) (　　　) every day.
(2) 私は毎日東京へ行きます。
　I (　　　) (　　　) Tokyo every day.
(3) 私は昨日東京へ行かなかった。
　I (　　　) (　　　) (　　　) Tokyo yesterday.
(4) 私は毎日、私の父といっしょに東京へ行きます。
　I (　　　) (　　　) Tokyo (　　　) my father every day.

解答 (1) study English (2) go to (3) didn't go to (4) go to ／ with

2 英語の文の作り方のコツ②

◆文の作り方の公式3──時と場所をひっくりかえす◆
□ **Come here now.**(今、ここに来なさい)
　　　　場所　　時

この英文を覚えておいてください。
　英語では、副詞(句)(付け加えの言葉)が2つきているとき、〈場所〉+〈時〉の順番で並べるのが一般的です。

(1) 私は昨日　東京にいました。
□ **I was in Tokyo yesterday.**
　　　　　　　場所　　　　時

◆文の作り方の公式4──小から大へ◆
　副詞(句)(付け加えの言葉)がたくさんきているときは、小さいものから大きいもの、せまいものから広いものへ、並べてください。

(2) 私は昨日の朝　7時に起きました。
□ **I got up at seven yesterday morning.**
　　　　　　小(時間が短い)　　大(時間が長い)

(3) 私は東京の　神田に住んでいます。
□ **I live at Kanda in Tokyo.**
　　　　　　狭い　　広い

◆文の作り方の公式5──かたまりで動く◆
　英語はかたまりで動く、ということを覚えておきましょう。

(4) 私はあの走っている少年を知っています。
□ **I know that running boy.**

(5) 私はあの木の下に　立っている　あの少年を知っています。
□ **I know**〈だれを〉**that boy**〈どんな少年〉**standing**〈どこに〉**under that tree.**

ここが知りたい

質問▶▶　英語での並べ方は、絶対に決まっているのですか。
答え▶▶　絶対に決まっているというわけではありません。左ページの(2)の文
　I got up at seven yesterday morning. の at seven を強調したいときは、文の最後に置きます。ただし、そのときには、, を置いてから at seven を置かなければならないのです。
□ **I got up yesterday morning, at seven.**

確認問題

次の（　）に適当な単語を入れてください。
(1) 私は昨日の朝7時に起きました。
　I got up (　　　) (　　　) yesterday (　　　).
(2) 今ここに来なさい。　Come (　　　) (　　　).
(3) 私は東京の神田に住んでいます。
　I live at (　　　) in (　　　).
(4) 私はあの木の下に立っているあの少年を知っています。
　I know that boy (　　　) (　　　) that tree.

解答　(1) at seven ／ morning　(2) here now　(3) Kanda ／ Tokyo
(4) standing under

3 英語の文の作り方のコツ③

〔英語のかたまりについて〕

　英語の並べ方をよく理解したい人は、かたまりという考え方をマスターすることが必要です。

　英語には単語があります。ここでいう単語とは、英語の辞書にのっている見出し語のことだと思ってください。ただし、この見出し語を覚えるだけでは、正しい英文を作ることはできません。それではどうすればよいと思いますか。かたまりという考え方を理解すればよいのです。

　英語のかたまりにはいろいろなパターンがあります。

◆**一番小さい英語のかたまりを表すパターン**◆

　☐ a book（ある1冊の本）
　☐ my book（私の本）
　☐ this book（この本）

◆**説明する言葉**が入った英語のかたまりを表すパターン◆

　☐ a small book（ある1冊の小さい本）
　☐ my new book（私の新しい本）
　☐ this interesting book（このおもしろい本）

◆名詞の**説明**の部分に**動詞のing形**（〜している）や**過去分詞形**（〜された）が**1単語だけ**あるパターン◆

　☐ a speaking boy（ある1人の話している少年）
　☐ a saved boy（ある1人の救助された少年）
　▶ 名詞の前に置きます。

◆名詞の**説明**の部分に**動詞のing形**（〜している）や**過去分詞形**（〜された）が他の語句をともなって、**2単語以上**あるパターン◆

　☐ that boy speaking English（英語を話しているあの少年）
　☐ that boy saved by Tony（トニー君によって救助されたあの少年）
　▶ 名詞の後ろに置きます。

◆**前置詞＋名詞(句)で副詞的な働き**をしているかたまり◆
- on my desk （私の机の上に）
- in Shizuoka （静岡に）

◆**名詞の説明に前置詞＋名詞(句)を使っている**かたまり◆
- a fly on my desk （私の机の上の1匹のハエ）
- Mt. Fuji in Shizuoka （静岡にある富士山）

◆**動詞＋名詞**のかたまり◆
- speak English （英語を話す）
- play tennis （テニスをする）

◆**熟語**のかたまり◆
- be full of ～ （～でいっぱいです）
- take part in ～ （～に参加する）
- by car （車で）
- a piece of paper （1枚の紙）
- over there （あそこで）

このようなかたまりのパターンを覚えておけば、英文の並べ方で困ることはほとんどありません。これらのかたまりは次のように使うことができます。
- **that boy speaking English** （英語を話しているあの少年）
- I know **that boy speaking English**.
  （私は英語を話しているあの少年を知っています）
- **That boy speaking English** is Tony.
  （英語を話しているあの少年はトニー君です）

つまり、かたまりは文のどこに行くときも(文のどの要素になるときも)いっしょに動くということなのです。

■著者略歴

長沢寿夫(ながさわ・としお)

1980年　ブックスおがた書店のすすめで、川西、池田、伊丹地区の家庭教師をはじめる。

1981年～1984年　教え方の研究のために、塾・英会話学院・個人教授などで約30人の先生について英語を習う。その結果、やはり自分で教え方を開発しなければならないと思い、長沢式の勉強方法を考え出す。

1986年　旺文社『ハイトップ英和辞典』の執筆・校正の協力の依頼を受ける。

1992年　旺文社『ハイトップ和英辞典』の執筆・校正のほとんどを手がける。

主な著書　『中学3年分の英語が3週間でマスターできる本』『中学・高校6年分の英語が3週間でわかる本』『中学英語の基本のところが24時間でマスターできる本』『中学3年分の英文法が10日間で身につく〈コツと法則〉』(以上、明日香出版社)『とことんわかりやすく解説した中学3年分の英語』『中学3年分の英語　とことんおさらいできる問題集』『とことんおさらいできる中学3年分の英単語』(ベレ出版)

■校正協力　丸橋一広　　荻野沙弥・堀まつ梨・長沢徳尚

山本貞子・石田道子

長沢寿夫の中学英語がまるごとスッキリわかる本
－全単元パーフェクト版－

2010年4月20日　　初版第1刷発行
2019年1月10日　　第5刷発行

著　者　長　沢　寿　夫　ⓒ Toshio Nagasawa 2010
発行者　蒔　田　司　郎
発　行　フォーラム・A

〒530-0056　大阪市北区兎我野町15-13
電話　　(06)6365－5606
FAX　　(06)6365－5607
振替　　00970-3-127184

編集担当・仲田　義則

乱丁・落丁本は、送料小社負担にてお取り替え致します。
印刷・㈱関西共同印刷所／製本・㈱立花製本
ISBN978-4-89428-606-1　C0082